왜 몰랐을까

왜 몰랐을까

차혜숙 수필집

계간문예

| 작가의 말 |

왜 몰랐을까.

이제야 깨닫게 되어 천방지축인 지난날을
담담하게 쓰게 되다니…
나는 길들여지지 않은 야생마였다.
그런 나를 개조 인간으로 거듭 태어나게 해
수필가로 성장하게 해 주신 대 스승님들.
기라성 같은 선배님들.
모두의 격려와 채찍질 속에 문학의 이해와
성찰을 할 수 있게 되었다.
일기처럼 진솔하게 써 내려간 지난 추억들,
이제 위선의 허물을 벗는다.

출판을 도와주신 계간문예에 깊은 감사드립니다.
컴맹인 나를 도와준 안현우님께도 감사합니다.

2023년 겨울
저자 차혜숙

■ 차례

2부 총각 선생님

3부 오줌싸개

4부 파랑 대문집

1부

골목길

골목길

집 앞 골목길은 평화롭다. 두부 장사 종소리로 새벽을 연다. 저마다 출근길에 발걸음이 바쁘고 아이들은 골목으로 나와 씨름을 하기도 하고 흙장난에 고무줄놀이하며 공기놀이에 흠뻑 빠져든다. 때론 병정놀이한답시고 떼 지어 몰려다니면서 아이들의 함성이 골목을 가른다.

그렇게 반나절이 지나고 땅거미가 어둑어둑해질 녘에는 아이들은 모두 둥지를 찾아들고 집집마다 굴뚝엔 저녁을 마련하는 연기가 하늘로 오르면서 춤을 추는 골목길. 그런 평화로운 골목길이 언제부터인가 무서움이 엄습해 오곤 한다. 가로등도 깨져 나갔는지 어둠이 깔린 밤길은 공포 그대로였다.

내가 걸을 때마다 누군가 뒤따라올까 하는 두려움에 마구 달리곤 했다. 우리집은 골목을 돌자마자 위치해 있어 솟을대문은 빗장을 걸고 밤늦게 귀가하는 이를 위해 쪽문을 열어 놓았다.

언젠가 방과 후 수업을 듣고 늦은 저녁에 걸어오는데 왠지 뒷머리가 쭈뼛한 것이 예감이 이상하다. 골목으로 접어드니 등 뒤에서 저벅저벅 하는 발소리가 들리는 것 같아 뒤돌아보니 검은 그림자가 걸어오고 있었다. 달빛에 어렴풋이 비추는 모습이 젊은이 같은데 불현듯 이상한 생각이 들면서 가슴이 조여온다. 나는 발걸음을 재촉했다. 종종걸음이 점차 뜀박질하듯 했는데 그도 달려온다. 어쩌나! 점점 가까워져 오는 것만 같아 가슴은 콩닥거리고 두 발은 얼어붙은 것만 같았다. 쪽문이 열려 있어야 할 텐데, 라는 생각밖에 없었다. 골목을 돌아 선 순간 뒤에 오던 남자가 갑자기 나의 뒷목 옷자락을 잡으려고 손을 뻗쳤다. 마침 열려 있는 쪽문 앞으로 뛰어들면서 "엄마야!"하고 괴성을 지르다시피 했다. 그러면서 앞으로 곤두박질치는 바람에 코피가 났다. 어찌나 무서웠던지. 어머니가 달려 나오시고 옆방 이웃들도 모두 쫓아 나왔다. 남자는 어느 틈에 사라졌고 그 후부터는 해가 떨어지기 무섭게 어머니가 마중을 나오시곤 했다.

골목길. 낮이면 즐겁고 흥이 넘치는 아이들의 함성소리 들리고, 밤이면 왠지 으스스했던 그곳이 이젠 도시계획에 밀려 사라지고 추억으로만 남아있다.

갓난이네

옆집에 살던 갓난이네는 다섯 형제자매인데 끝에서 두 번째인 여자아이 이름이 갓난이였다.

갓난이의 둘째 오빠가 초등 2학년만 다니고 집에서 빈둥거리는데 그 당시 18살은 되었다고 했다. 지능이 낮고 마마를 앓아서 얼굴이 온통 마맛자국이라서 동네 사람들은 곰보네라고도 했다.

갓난이 오빠가 심술이 어찌 많은지 동네 아이들이 나와서 웅성거리면 금세 좇아 나와 두 팔을 휘저으면서 방해한다. 내가 여동생들과 고무줄놀이하면 어느 틈에 가는 톱으로 고무줄을 잘라버리곤 했다. 그러니 자연, 싫어할 수밖에 없었다.

갓난이 오빠가 나올세라 집으로 뛰어 들어오곤 하던 어느 날. 그가 뒷간에 앉아 똥을 누고 있다고 동네 아이들이 뛰어와 전해주길래 기회는 이때다! 싶어 광, 속에 있던 대나무 장대를 가지고 갓난이네 담 밑으로 갔다.

담 아래에는 똥 장수를 위한 문을 만들어 놓았는데 그 문이 어찌나 크던지. 웬걸. 문짝도 떨어져 나가 있어서 동네 아이들은 일제히 땅에 엎드리다시피 하고서는 문을 들여다보니 갓난이 오빠가 낑낑거리고 있기에 대나무 장대를 들이밀고 엉덩이를 건드렸다. 그랬더니 동네 아이들이 일제히 소리 높여 "곰보. 붕알은 털럭! 털럭!"이라고 했다. 나는 연신 장대를 흔들었다. 화가 머리끝까지 오른 갓난이 오빠가 볼 일을 보다 말고 뒤쫓아 왔고 그 일로 인해 며칠을 대문 밖으로 나가질 못했다.

그런 나를 향해 어머니는 "삼신할머니도 너무하시지, 사내아이로 태어날 걸, 잘못 나게 하셨으니!" 하고 한탄하셨다.

아버지와는 의형제를 맺었던 갓난이네. 그리고 그 오빠, 지금은 어느 하늘 아래 살고 있는지 진심으로 사죄드립니다.

고자질 1

잘못한 사람보다 고자질한 사람이 더 나쁘다고 어머니는 말씀하셨다. 그렇다. 나는 고자질쟁이이다. 눈치도 빠르지만, 귀도 밝아 옆 사람이 소곤거려도 알아듣고 금세 어머니에게 말해준다. 그럴 때마다 어머니는 혼쭐을 내면서도 내심 정보를 알게 되어서인지. 가끔 나를 첩보 활동에 쓰곤 한다. 바로, 아버지를 감시하는 일이다.

어느 날, 아버지와 나, 그리고 남동생 셋이 함께 한강에 낚시하러 갔는데 그날따라 물고기가 낚이질 않아 허탕치고 돌아서다가 민물 썰물이 교차하는 곳에 어부가 나룻배에 싣고 온 물고기를 산 적이 있다. 아버지는 망태에 물고기를 서너 마리 넣고, 나와 동생에게 "이 일은 비밀이다."라고 하셨고 우리 둘은 고개를 끄덕이며 약속했다.

그날 저녁 집 마당 우물가에는 옆방, 이웃 아낙네들이 모여서 재주가 좋다면서 팔뚝만 한 물고기를 구경했고, 덩달아 신바람 난 아버지는 우쭐하셨는데, 그때 내가 산통을 깼다.

"이거 배에서 사 온 거야."라고 말했더니 어머니는 "그러면 그렇지! 이리 큰 것을 잡을 리가 없지."라고 실망하셨고, 우물가에 앉아 있던 아낙네들은 후다닥 자기 방으로 들어가 버렸다.

그때 얼굴이 벌겋게 달아오른 아버지가 나를 향해 주먹질해대면서 "요년, 다시는 데리고 다니나 봐라, 에이!"라고 말씀하셨다. 그 후 아버지와 낚시 나들이는 갈 수 없었다.

고자질 2

어느 날이던가. 용산 남영동에 있는 금성극장에서 신 프로가 들어왔으니 외출을 해야겠다는 아버지에게 어머니가 나를 데리고 갔다 오시라고 한다. 지난번 낚시 고자질 사건 이후 다시는 함께하지 않겠다고 하신 아버지가 마지못해 나를 데리고 가겠노라고 했다. 어머니는 부지런히 내게 새 옷을 입혀주고 머리를 빗겨 가랑머리로 묶어 빨강 망사 리본까지 매주셨다.

예쁘게 단장하고 아버지 따라나선 길. 철길은 걸어도 끝이 없다. 여섯 살배기 소녀가 걷기엔 무리인지, 걷다가 주저앉으면 아버지는 빨리 가야 한다시며 내 손을 잡아끈다. 그래도 걷지 못하면 두 팔로 안아 어깨에 걸쳐 매다시피 하고 걸어간 길.

금성극장 앞에 다다르니 웬 젊은 여자가 아버지를 보고 활짝 웃는다. 극장 안 휴게소에서 과자 한 봉지를 사서 내 손에 들려주고, 아버지와 그 여인은 나란히 의자에 앉아 영화를 관람했다.

그날. 집으로 돌아오는 길 여인과 아버지가 내 손을 양쪽으로 잡고 철길을 걸어왔다. 석양이 지는 철길에서 마치 다정한 식구처럼 한 폭의 그림이라고 해야 할까. 어머니보다 화사하고 멋스러운 여인이 내 손을 잡고 걸으니 어린 마음에도 기분이 들떠 있었다.

아버지는 오늘 일을 어머니에게 절대 말하지 말라고 신신당부했다. 하지만 웬걸! 집에 도착하기가 무섭게 어머니를 향해 쪼르르 달려갔고 그런 나를 어머니는 건넌방으로 데리고 가서 자초지종을 물었다. 내가 입을 꾹 다물고 있으니 뚫어지게 쳐다보는 어머니가 왠지 무서웠다.

다 알고 있으니 얼른 말하라고 다그치기에 나는 그만 입을 열고 말았다. 그때 옆에서 그 광경을 지켜보던 아버지의 일그러진 표정이 어찌나 무서웠는지 잊을 수 없다.

참으로 이상한 것은 그 후 수십 년이 흐른 지금에도 함께 본 영화의 한 장면이 떠오르는 때문이다. 제목을 알 수 없으나 가난한 연인 중 돈 많고 불법적인 일을 하는 남자를 만나 배신하고 떠난 여자가 옛 남자를 그리워해 몰래 만나는데 옛 남자가 그 여자에게 그렇게 돈이 좋으면 실컷 가지고 가라고 돈을 허공을 향해 날리고 방 안 가득 돈이 날아다니는 영상이다. 여인이 주저앉아 흐느껴 우는 그 장면이 여섯 살배기 계집아이의 기억 속에 남아 수십 년이 지난 지금까지도 잊히지 않는 까닭은 왜 그런 건지.

과외수업

8살 때부터인가. 나는 상대방을 보면 특징을 알아보는 능력이 생겨났다. 딱 한 번만 보아도 점이나 흉터를 기억하고 말하는 통에 어머니는 동네 사람들에게 맞선을 보러 갈 때는 우리 딸을 데려가면 백발백중이라고 하셨다.

그런 이유로 인해 상대를 처음 보고 싫증을 잘 느끼기도 하고 마음에 안 든다고 내 잣대로 쉽게 말하곤 하게 되었다. 비호감이면 가까이 가려 하지 않는 버릇마저 생겨났다.

자라나면서 그런 나를 어머니는 맏이이니 공부를 잘해야 한다면서 명문대 과외선생을 모셔 오곤 했다.

그때마다 외모를 따지며 퇴짜를 놓고, 때론 코를 킁킁거려

싫다는 둥, 여드름이 많아서 소름이 돋는다는 중, 뱁새눈이 무섭다는 둥, 하면서 불만을 토로했고, 공부하기 싫다면서 버티기 일쑤였으니 어머니는 기가 막힐 수밖에.

하지만 어머니도 내게 질 수 없다면서 공부방까지 동행하셨고 다과에 과일까지 마련해 오면서 달래곤 하셨다.

오로지 나의 성적향상을 위해 미래를 위해 노력하셨는데 그럴수록 성적은 바닥을 쳤으니 참다못한 어머니가 빨랫방망이를 들고 쫓아왔다.

나는 맞아 죽을세라, 사력을 다해 한참을 도망치다가 이젠 따라오지 않으시겠지! 하고 살금살금 걸어서 집 앞까지 오니 웬걸! 어머니가 숨을 헐떡이면서 서 계셨다. 한 손에는 빨랫방망이 든 채로 말이다. 훗날, 내 아들아이가 나와 닮은꼴일 때 비로소 어머니 마음을 알게 되었다.

관심법

까무잡잡하니 거친 피부에 버짐까지 핀 어린 계집아이. 두 눈은 총명기 있어 반짝거렸으니 그런 어린 시절이 즐거웠겠는가.

초등학교 시절, 신체검사하는 날에는 목욕탕으로 달려가, 때 빼고 광내느라고 두 시간씩 온탕에 들어갔다 나갔다 반복하며 호들갑을 떨었다. 그도 그럴 것이 깜둥이라는 별명까지 있었으니 나는 서울내기치곤 시골에 사는 아이들보다 더 촌스러웠다.

말끔히 단장하고 등교한 날, 희한한 것은 어제의 목욕탕에서 광이 났던 피부는 어디로 간 것인지 팔다리에 온통 각질이 일어나는 것이다.

팔꿈치의 보랏빛 나이테마저 되살아났다.

신체검사에는 당연히 불합격. 때가 이리 끼었으니 목욕탕 안 가고 뭐 했느냐 하고 꾸중하신 선생님이 어머니를 모셔 오라고 했다. 손바닥에 자를 대고 체벌도 하셨다. "아니에요. 두 시간 동안 빡빡 밀고 왔어요."라고 하며 내가 사실을 고해도 소용이 없었다. 친구들 앞에서 호되게 혼쭐나고 망신당한 나는 울음보가 터질 수밖에.

다음 날 어머니가 학교로 달려오셨고, 그제야 오해가 풀렸지만 그런 나에 대해 호감도가 있을쏘냐. 관심을 받기 위해 사랑을 받기 위해 주위의 시선을 끌고자 노력했으나, 이상하게도 칭찬보다는 꾸지람이 앞섰다. 그도 그럴 것이 아버지 시계 하며 다림질하며 뒤주 위에 놓인 꿀 항아리 꺼내다가 조선백자 항아리 깨트리기 일쑤요, 만지는 것마다 부서지고 깨지니, 그때부터 어머니가 나를 향해 '파괴 분자'라는 별명을 지어 주셨다. 지금도 가끔 예전의 깨트리던 버릇이 되살아난다.

달거리

빨랫줄에 흰 천이 길게 늘어져 있다. 바람에 펄럭거린다. 이 천은 어디에 쓰는 것인지, 누구 것인지도 몰랐다. 빨래가 햇볕에 마르면 모두 걷어 차곡차곡 접어 한쪽으로 놓아둔다.

동생들과 결혼 행진곡 놀이를 할 때는 흰 천 한쪽을 매듭을 짓고 머리에 올리면 등 뒤로 흰 천이 마룻바닥에 길게 늘어진다. 나는 총채를 한 손에 들고 건넌방에서 안방으로 왔다 갔다가 하면서 '딴딴따딴!'을 읊조리면 이내 여동생들이 마룻바닥에 늘어진 흰 천 끝자락을 잡고 뒤따른다. 그럴 때면 문간방에 사는 할머니가 나오셔서 "숙이 또 시집 가냐?"라고 놀리곤 하셨다.

그 흰 천이 달거리용인지도 몰랐다. 아무도 그걸 가르쳐 주지 않았으니 말이다. 생물 시간에 난자와 정자에 대한 말을 해 주는 선생님도 설명하기 어려운 듯 빙빙 돌려 말씀하시던 시절이었으니 참으로 무지했었다. 도대체 무슨 소리인지 납득하기 어려웠으니 성장 발육이 늦은 탓에 고1 때도 중성이었다.

그러던 어느 날 내 옆에 앉은 친구가 결석했고 일주일이 넘어도 나오질 않았는데 소식통에 의하면 생리대를 일주일이나 그대로 사용해 병원에서 수술받았다고 했다. 교내에 그 소문이 퍼져 나갔으니 말이다.

내 상식으론 남자를 만나면 아기가 생긴다는 것으로 알고 있었으니 참으로 맹꽁이였던 때였으니 몸이 반응하고 초경이 나왔을 적의 두려움은 이루 말로 다 할 수 없었다. 피가 몸 밖으로 빠져나온다는 것은 상상조차 못 했으니 대청마루에 앉아 목 놓아 우는 나를 발견한 옆방 새댁이 눈치를 챘는지, 다가와서는 속삭이듯 물었고 더듬거리며 말하던 나를 끌어안아 주었다.

어찌나 부끄러운지 고2학년인데도 두볼이 홍시가 되었다.

대발 유감

대나무로 만든 햇빛 가리개. 때론 얇고 투명한 천을 사용하기도 한다. 옛날 궁에서나 대감집 방문 앞에 대발이나 삼베로 짠 발을 치고 문안 인사를 주고받았다. 외부로의 경계에서 인지 맥을 잡을 때도 대발 너머로 손만 내놓고 진찰했다. 남녀칠세부동석이라고 여인네들의 모습을 아무에게도 함부로 보여줄 수 없는 풍습이었다고나 할까.

세월이 감에 따라 너나 할 것 없이 창이나 문에 치는 휘장, 아니면 칸막이로 사용하고 광선의 조절은 물론 밖에서 들여다보이는 것을 차단함과 동시에 밖을 내다볼 수도 있도록 한 것이 발의 형태이다. 하지만 나는 대발을 볼 때마다 가슴이 콩닥거리고 마음이 불편했던 어린 시절이 떠오른다.

햇빛 쨍쨍한 어느 날이었던가.

사랑방 문 앞에 늘어진 대발. 그곳은 호기심과 두려움이 이는 곳이었다.

아버지가 시앗을 데려와 기거했던 곳이기 때문이다.

동이 트기 전 안방에서 일어난 어머니가 부엌으로 향해 아침밥을 지으시면서 내게 아버지 진지 잡수시라고 당부를 하신다. 나는 사랑방 문 앞에 서서 "아버지! 아버지! 일어나셨어요?"라고 외쳐대면 한참 후에 "으응! 벌써 아침이네." 하고 기척을 하시는데 그때마다 나도 모르게 뱁새눈처럼 가늘어진다.

그럴 때마다 얼굴마저 붉어지면서 후다닥! 어머니가 계신 곳으로 뛰어오곤 했다. 지금 생각하면 어머니는 어떤 마음으로 시앗을 집으로 들였는지.

아버지는 그 시앗을 얼마나 애지중지하시던지, 어린 계집아이의 눈에도 예뻐 보이지 않았는데 키는 멀죽하니 크고 두꺼운 입술 하며 엉덩이는 오리처럼 튀어나온 여자를 무엇이 예쁘다고 강산이 변하도록 사랑했던 걸까.

망신살이

고1 때인 듯하다. 크리스마스가 얼마 남지 않은 날. 친구 승란이와 동네 남학생 셋이 내 집으로 놀러 왔다. 크리스마스 날 행사를 의논하기 위해서이다. 건넌방에 캐시미어 이불 하나에 다섯이 두 다리 쭉 뻗고 계획을 짜고 있는데 남동생이 학교에서 돌아와 그 광경을 물끄러미 바라보더니 안방으로 들어가 버린다.

아무 말 없이 들어가기에 안심이다 싶어 한창 연말 행사에 대한 준비물을 누가 할 것인가. 떠드는 중에 갑자기 방문이 확 열리면서 어머니가 서 계셨다. 한 손에는 사과 상자 나무 조각이 들려 있었다.

순간, 혼비백산한 친구들은 후다닥! 방문을 향해 뛰어나왔고 어머니는 다짜고짜 내 팔을 당기면서 앞마당으로 끌고 나가서는 몽둥이찜질을 가했다.

“하라는 공부는 안 하고 동네 녀석들 모아 놓고 이 무슨 짓이고! 그래! 동생 밥은 차려주질 않고 수다만 떨면 되는지, 에고. 내가 왜 이년을 낳았는지.” 어머니의 한탄 섞인 고함소리가 고막을 찢었다.

“에고! 잘못했어요.”를 연발하며 몽둥이 붙잡고 마당을 뱅뱅 돌고 그럴 때마다 열이 솟구친다면서 어머니의 방망이가 점점 더 빨라졌다. 남학생 중 두 녀석은 줄행랑치고 한 녀석이 승란이와 남아 어머니 치맛자락을 부여잡고 “참으세요!”로 애원했다. 이 무슨 날벼락인지. 점차 남동생이 얄미웠다. 그 사이를 못 참고 쪼르르 뛰어가 장터에 계신 어머니께 고자질한 때문이다.

그날 이후로 동네에서 따돌림은 받았다. 내가 지나갈 때마다 남학생들이 숙덕거리면서 슬금슬금 피해 갔다. 어쩌다 남학생이 집 앞 창문에서 부를라치면 동생들이 얼른 뛰어와 남학생을 향해 물바가지 세례를 퍼붓기도 했다. 그래도 남학생과 몰래 만나곤 했었다.

엿장수

깡통을 들고 철길을 오르는 아이들. 나도 남동생과 함께 깡통 들고 아이들을 따라나섰다. 철길에 오르면 철로 변에 있는 고철을 주우러 흩어진다.

지남철을 땅에 대고 지나가면 자석에 달라붙는 쇳가루, 운 좋으면 못이나 작은 공구도 나온다. 그렇게 모은 것들을 엿장수가 올 때 너나 할 것 없이 가지고 나와 엿이나 강냉이로 바꾸어 먹는다. 어떤 때는 대패로 간 생강엿을 나무 막대에 꽂아주곤 하는데 그것도 맛이 있다. 군것질할 것이 고작 그런 것뿐이니 아이들은 철길 아니면 동네 골목에 있는 함석 공장이나 철공소 주변으로 깡통을 들고 다녔다.

언젠가 한 번은 어머니가 장터에 갔다 오신다면서 내 등에 셋째 여동생을 업혀 주셨는데, 나도 아이들 따라 고철 줍는다고 엎드리는 바람에 함석 공장 앞에서 넘어졌다. 그때, 함석 찌꺼기에 입술이 찢어져 여동생 융 저고리가 빨갛게 물들었고 피로 얼룩진 동생의 옷을 보고 놀라 골목이 떠내려가도록 울부짖었다.

어머니와 함께 동네 어귀에 있는 병원에 가서 입술을 꿰매었는데 의사양반 왈, 상처가 커서 이다음에 성형으로 고치라고 했다. 하지만 지금도 그 상처가 그대로이다. 립스틱으로 가리고 다닌다. 그렇게 극성을 떨다가 고철이 더 이상 나오질 않아 대청마루 옆에 놓아둔 깡통이 비어 있었다. 엿장수는 어김없이 찾아와 가위소리가 골목을 쩡하니 울리는데 어찌 조바심이 나질 않겠는가.

나는 대청마루 속으로 들어갔다. 그 속에는 목재가 길게 누워있고 광을 고치다가 남은 대못이나 녹슨 못들이 있었다. 몸집이 작은 터라 마루 속으로 엉금엉금 기어 쇠붙이를 고르던 중 이게 웬 떡이냐. 오래된 고무신이 놓여 있는 게 아닌가. 고무신을 들고 대청마루를 기어 나온 나는 그 길로 대문을 박차고 뛰어갔다.

깡통 안에 든 쇠붙이와 고무신을 주고 얻은 게 강냉이 한 바가지였다. 남동생과 함께 강냉이 바가지 들고 오는 나를 발견한 어머니가 어디서 무엇으로 바꾸었느냐고 다그쳤다. 자초지종을 말하니 사색이 된 어머니가 강냉이 바가지를 빼앗아 들고 엿장수에게 급히 가셨다. 그러고는 엿장수를 향해 아니, 철 모르는 아이가 신발을 가져왔으면 물어보고 주실 것이지 얘네 아버지가 신는 고무신을 받았으니 강냉이 받으시고 도로 주셔야겠다고 사정했다.

그랬더니 엿장수 왈, 강냉이가 줄어들어서 바꿀 수 없다는 것이다. 어머니는 화가 치미셨는지 나를 향해 한 톨이라도 먹었어? 라고 다그쳤고, 나는 고개를 절레절레 흔들었다.

강냉이 받아 들고 들어서다가 들켰는데 먹을 새가 어디 있었겠는가. 엿장수는 막무가내였고 골목에서 한참 실랑이하던 어머니는 거금 3원을 주고 아버지 고무신을 찾았다.

결국 3원짜리 강냉이를 먹게 된 셈이다.

멋 내기 연출

고1 때 드디어 새 옷을 입고 탈바꿈을 시도할 때이다. 중3 내내 늘어진 교복을 입고 모양도 갖추질 못했는데 학교 맞춤으로 맞추니 어찌 옷이 내 몸에 착 붙는지, 쉬는 시간마다 수돗가로 달려가 수건에 물을 묻혀 교복의 티끌을 닦아내곤 했다. 예로부터 옷이 날개요, 옷 잘 입은 이가 밥 얻어먹는다는 말도 있잖은가. 그 당시 미니 치마가 유행이라서 치마허리를 둘둘 말아 짧게 입고 다녔다. 복장 검사 할 때만 무릎 아래로 내리고 다른 날에는 무릎 위로 추켜올리고 다녔다.

확실히 옷 때깔이 나는지, 지나는 남학생이 흘깃거리며 걸어간다. 그럴 때마다 친구들은 키득거리며 마구 뛰어가곤 했다. 아! 사자머리만 주저앉고 피부만 조금 하얬으면 좋은데 어찌 조물주가 내 마음대로 만들어 주시겠는가. 키는 왜 그리 작은지 앞자리 4번을 면할 수 없었다. 그래도 감성은 남과 비교할 수 없어 창가에 낙엽만 흩날려도 눈물을 흘리면서 "시몽! 너는 낙엽 밟는 소리가 들리는가."를 되뇌었다.

국군장병 위문편지 쓸 때는 내가 앞장서서 칠판에 인사말을 쓰곤 했다. 오락 시간에는 노래자랑이 펼쳐지면 앞에 나가 "바닷가에서"라는 동요를 부르고서는 책상에 엎드려 엉엉! 울곤 했다. 점심시간에는 뒷자리에 앉은 50번 60번 아이들 속에 파묻혀 어제 탐독했던 통속소설 내용을 설파했다.

친구들이 옥시풀로 머리를 감아 탈색하고 고대기로 앞머리 웨이브를 넣고 나타나면 그것마저도 부러웠다. 나 역시 등교할 때 연탄아궁이에 달군 젓가락으로 머리카락을 구부리다가 이마에 젓가락 자국을 남기기도 했다.

그런 내가 어머니가 싸주신 도시락을 가지고 가겠는가. 짝꿍인 선희는 계란말이에 소시지를 싸 오는데 나는 늘 고추장이나 단무지 아니면 병에 든 김치였다. 책가방 안에서 흔들린 도시락 반찬으로 인해 김칫국물이 새거나 때론 새우젓 냄새도 배어 나왔으니 한창 멋 내기 일쑤였던 내가 도시락이 웬 말인가.

점심을 굶으면 기운 없어 공부도 머릿속에 안 들어간다는 어머니의 부탁에 마지못해 도시락을 들고 몇 발자국 걸었는가 하면 이내 마음이 바뀌어 그 자리에 살며시 도시락을 놓고 가는데 어느 틈에 뒤따라온 엄마의 손에는 방망이가 들려 있었다. 때론 사촌 언니가 어머니 심부름으로 도시락을 들고 학교를 찾아오기도 했다. 고3 때까지도 중성인 나는 얼굴도 까칠하고 가슴도 절벽이었지만 남에게 예쁘게 보이고 싶은 마음이 간절했다.

그런 내가 어머니의 눈에는 부실한 몸으로 탈이라도 나면 어쩌나 싶은 걱정스러운 딸이었을 게다.

2부

총각 선생님

총각 선생님

이 선생님은 청바지에 체크무늬 남방을 입고 처음으로 교단에 서셨다. 교사 발령을 받고 첫 부임한 학교가 여학교라서 당황하셨다고 했다. 1968년대에 꽉 끼는 청바지를 입고 여학교 국어 시간에 나타나셨으니, 학생들은 키득거리고 난리도 그런 난리가 없었다. 피부가 유난히 하얗고 자그마한 체구에 얼굴도 작은데 코만 크신 선생님이셨으니 학생들은 이러쿵저러쿵 수군거렸다.

선생님은 두뇌 회전이 빠르고 말씀도 어찌나 빠른지 까딱하면 말귀를 알아들을 수 없었다. 내 뒤에 앉은 최명숙이는 선생님을 향해 자주 웃곤 했는데 공부는 뒷전이고, 어떻게든 코믹 연기만 하려고 했다. 그런 명숙이를 향해 선생님이 몽땅

분필을 날리면 어찌나 잘도 피하던지 선생님도 그만 웃고 말 수밖에 없었다. 그럴 때마다 명숙이는 큰 입을 활짝 벌리고 목젖이 보이도록 웃어재꼈다. 명숙이는 "왜 선생님은 꽉 낀 청바지만 입으세요?"라고 질문했는데 그때마다 선생님은 부끄러웠는지 두 다리를 꼬았다.

얼마 후에 선생님께서는 단편소설 '머리가 없는 사람들'로 신춘문예에 당선되었다. 학교 조회 시간에 운동장에 모인 학생들에게 교장 선생님께서 선생님을 연단에 오르라고 했는데 그때도 꽉 낀 청바지 차림이었다.

후에 들은 바로는 처음 교사 발령을 받고 옷 살 돈이 없어 입은 옷 그대로 여학교에 오셨다고 했다. 국어 시간만 되면 학생들은 키득거리고 소곤거리고 웅성웅성하면서 도통 공부할 기미가 없었다. 선생님은 자신의 살아온 이야기와 소설을 상상하듯이 들려주었다. 학생들은 모두 눈물을 흘렸고 그 후부터는 조용히, 열심히 공부에 집중했다.

나는 문학소녀라는 별명처럼 선생님 뒤를 졸졸 따라다녔다. 학교 수업이 파한 후에는 마치 007작전처럼 선생님을 누가 따라 올세라 주위를 둘러보며 담 옆에 숨었다가 또다시

뒤따르곤 하면서 명숙이와 둘이 하숙집까지 찾아가곤 했다. 선생님은 "이 녀석들! 들어오거라." 하며 방으로 우리를 인도했고 우리에게 유자차를 내오셨다.

하숙집 아주머니가 끓여온 차를 마시며 선생님이 기거하는 방을 둘러보았다. 책 더미와 옷옷 두어 가지가 고작이었지만, 왠지 호기심 많은 여학생 시절에는 모든 것이 싱그러웠다.

선생님이 소설처럼 들려주신 이야기를 모토로 나는 "섬마을 선생님"이라는 주제로 원고를 교지에 냈고 글이 채택되어 교지에 나올 날만 손꼽아 기다렸다. 하지만 웬걸! 교지에 실린다는 내 글은 불발되었고, 이유인즉 지면이 모자라서라는 것이었다.

너무 실망한 나머지 교무실로 달려가 선생님 책상 안에 잠자고 있는 원고지를 들고 교정 찔레꽃 언덕 위에 올라 그곳에서 찢어 버렸다. 그리곤 대성통곡했다. 그 일로 인해 자로 손바닥 체벌을 받고 한나절 교무실 한켠에 두 손 들고 쪼그리고 앉아 있었다.

학교를 졸업한 후에도 그 일이 나를 억누르는 탓에 분개하면서 원고지와 씨름한 덕에 방송에 응모한 체험수기가 대상으로 당선 되었고 매스컴을 타게 되었다. 공교롭게도 그때 심사위원 중 한 분이 이 선생님이셨다.

선생님과 나와의 인연이 어디 그뿐이랴. 문단에 등단하고 수필집 《무무무》를 낼 즈음 행사장에서 만나 뵙게 되었다. 선생님은 소설 분야에서 명성을 떨치고 나는 수필가로 활동하면서 함께 문인의 길을 걷는다. 자주 뵙지는 못해도 선생님과 나는 운명적으로 글 쓰며, 가르침을 받은 전생에도 스승과 제자였으리라.

배추 선생님

피부는 희고 긴 얼굴에 숱 많은 곱슬머리.

도화지에 그대로 옮기면 배추의 형상이라서 배추 선생님이라고 부르게 된 노총각 국어 선생님. 키가 장신이라서 걸을 때마다 흔들거리는 다리가 마치 울리불리 춤추는 형상이라서 학생들은 울리불리 선생님이라고도 했다.

S대 수재로 졸업하신 선생님이 어떤 사연이 있으신지 실연을 당해 정신적 충격이 많았다고 했고 머리가 너무 좋아 4차원 세계를 방황하시는 듯 가끔 혼자 웃곤 하셨다.

학생들은 선생님 수업 시간에는 뒤로 슬금슬금 걸어가 화장실이 급하다고 뒷문을 열고 그 길로 학교 뒤뜰로 간다. 뒤뜰, 뒷문 아래 구멍이 뚫려있고 문 뒤로 구멍가게가 있어서 그 구멍으로 주문서와 돈을 내밀면 물건이 들어온다. 라면땅에 쫀드기에 짱구과자 등등을 사가지고 윗도리 속에 감추고 교실 문을 열고 들어와 시침을 떼고 앉으면 뒤에 앉은 학생들이 주문한 것을 나누어 입안에 우물거리고 먹곤 했다. 그때 배추 선생님과 눈이 딱 마주치면 "학생 뭐 하나? 정신 집중해야지!" 하시면서 해맑게 웃으셨던 마음씨 좋은 선생님.

그런 선생님에게도 마음에 드는 여인이 생겼으니. 다름 아닌 내 사촌 언니였다. 공덕동 로터리 양품점 점원으로 있던 언니가 염리동에 위치한 서울여고로 찾아온 것이다.

내가 체육복을 놓고 갔다고 어머니 심부름을 온 것인데 수업 시간에 교실 문을 두드렸고 선생님이 문을 연 순간 언니에게 꽂히셨다는 것이다. 23살의 꽃다운 나이였던 언니가 활짝 핀 목란꽃 같아 외모 상으로도 호감이 갔었는데 하필 선생님 눈에 들다니, 그날부터 선생님은 내게 잘해주셨다.

하굣길에 만날라치면 "배고프지! 빵 사줄까?"라고 하셨고 점심시간에 찔레 꽃 핀 교정 벤치에 앉아 있으면 오셔서 오늘 내가 한턱 단단히 낼 것이니 학교 앞 빵집으로 나오라고 약속을 하셨다.

손가락을 탁 튕기시며 한쪽 눈을 찡긋 감으시면서 빙그레 웃고 가시던 선생님. 그 덕에 친구들 서넛이 빵집으로 몰려가 커다란 쟁반에 빵을 산더미처럼 싸놓고 먹었다.

후에 사촌 언니와 미팅을 가졌던 선생님. 이루어지지는 않았으나 전근을 가신 후 어떤 이유에서인지 유명을 달리하셨다고 했다. 내게 참 잘해주시고 빵도 원 없이 먹게 해 준 선생님이셨는데, 늦었지만 다시 한번 명복을 빕니다.

추억 속에서

6남매 학비 충당하시느라 난전에서 장사하신 어머니.

약국 처마 밑에 나무 자판 서너 개 펼치고 동태, 갈치, 꽁치, 오징어 등을 팔았다. 엄동설한에는 연탄난로 위에 신문지 돌돌 말은 꽁치 얹어 구어 내면 그것도 맛이 있다.

나는 하굣길에 교복을 입은 채로 어머니를 찾으면 마침 잘 왔다! 하시면서 대신 팔고 있으라고 하고 화장실에 다녀오곤 했다.

밤늦도록 들어오시지 않을 때는 반찬 몇 가지와 찌개 끓인 냄비. 밥 한 그릇 시장 소쿠리에 담아 들고 나가면 몸살이 났으니 나머지는 정리하고 들어오렴! 하고 퇴장하신다. 그럴 때면 나는 장사에 열을 올린다. 지나치는 사람들을 향해 "아주머니! 한 마리 더 드릴 테니 사세요."라고 외친다.

지나는 이들이 발길을 멈추고 어머니는 어디 가셨니? 하면서 일부러 팔아주곤 했다.

"네…. 아프셔서 들어가셨어요."

미주알고주알 하면서 서툰 솜씨로 포장하는 소녀가 대견했는지 너나 할 것 없이 사 가시는 바람에 후딱 팔고 빈 광주리 이고 집으로 돌아오면, 어머니는 의아해하셨다. 벌써 다 팔았을 리 만무한데 네가 나보다 장사수완이 났구나! 라고 칭찬하면 어찌나 기분이 날아갈 것 같던지.

그러던 어느 날. 여느 때와 다름없이 학교 파하자마자 장터로 갔고 그날도 어머니 대신 잠시 앉아 있는데, 저만큼 해서 같은 반 아이들이 다가오고 있는 게 아닌가. 갑자기 창피한 마음이 들어 신문지를 들어 얼굴을 가리고 여학생이 지나갈 때까지 있었다.

그때 여자분이 "생선 안 팔아요? 학생!" 하고 소리치는데 깜짝 놀라 얼굴에서 신문지를 떼자마자 가정 선생님이 바로 앞에 서 계셨다. 나도 모르게 얼굴이 붉게 타올라 어쩔 줄을 모르니 선생님께서 “숙이구나! 내가 여기 단골인데 참 훌륭한 어머님을 두셨구나.”라고 하시면서 고등어 세 마리와 오징어 두 마리를 포장해 달라고 하셨다.

그런 일이 있은 다음 날 학교에서 만난 선생님이 내게 공부 열심히 하고 어머니를 돕는 것이 부끄러운 일이 아니라면서 격려해 주셨다.

변함없이 어머니를 찾아 물건을 사주시던 가정 선생님.

학교 졸업 후에 풍문으로 들었는데, 가정 선생님이 지리 선생님과 결혼하셔서 행복한 삶을 꾸리셨다고 한다.

그 후 35년 만에 스승의 날 선생님을 뵈러 간 자리에서 가정 선생님의 근황을 알게 되었다. 암 투병으로 힘든 날을 보내고 계신다기에 나는 그분을 위해 그림 한 점을 그렸다. 부디 쾌차하시고 그림을 통해 에너지를 받으시라는 마음에서.

감사한 마음을 이렇게밖에 전할 길이 없었는데 후에 선생님은 제자가 그린 그림이라고 소중히 여기시며 머리맡에 두고 임종을 거두시는 날까지 그림을 바라보곤 하셨다고 한다.

버릇 유감

여름이면 잔치를 벌였다. 아버지가 수박 두 통을 사 들고 오시면 어머니는 내게 얼음 공장에 가서 얼음을 사 오라고 시키신다.

나는 벽돌 두 개만 한 크기의 얼음덩이를 새끼줄로 매고 집으로 돌아오게 되는데 그때마다 녹아내린 얼음물이 땅 위에 포물선을 그렸다.

집에 오면 옆방 문간방에 세든 아낙네들이 모두 앞마당으로 나오고 돗자리 깐 마당에 앉아 더위를 식힐 수박화채를 기다린다. 어머니는 송곳을 얼음덩이에 꽂고 망치로 톡톡 치면 이내 조각나면서 흩어진다. 나는 그 옆에 앉아 부서진 얼음조각을 입 안 가득 물고 있었다.

이내 큰 양푼에는 수박화채가 가득하다.

때론 수박 한 통을 양동이 안에 넣어 손잡이에 끈을 길게 동여매고 그대로 우물 속에 담가 놓았다가 다음날 꺼내 먹는 재미가 쏠쏠하다.

쩌억! 소리 내면서 갈라지는 수박. 어머니 왈, "밖에 나간 놈은 얻어먹지 못해도 자는 놈 몫은 남겨둔다."라고 말씀하시는데 아마도 내 아래 남동생이 마음에 걸려서일 게다. 남동생은 유난히 초저녁잠이 많아, 먹을 때를 놓치곤 했다. 그때마다 어머니는 중간 크기의 양푼에 덜어놓곤 했는데 남동생이 잠든 마루 뒤주에 올려놓곤 했다. 그런 날은 나야말로 잠을 설치는 밤이다.

두 눈을 감아도 양푼 속에 있는 수박화채가 떠올라 감질이 날 정도이다. 밤새 잠을 설치다가 새벽이 오기 전에 나는 자리에서 벌떡 일어나 마루로 향했다. 그러고는 이내 수박화채 한 그릇 떠서 벌컥벌컥 마시고 씹지도 않은 채 삼키곤 했다. 몰래 훔쳐 먹는 맛이 어찌나 짜릿한지.

동이 트고 아침이 밝으면 뒤 주위에 놓인 수박화채는 줄어

들어서 바닥이 보일 정도였다. 그 외 특이한 버릇은 삼립빵이나 크림이 들어 있는 과자를 속만 혀로 핥아먹고 붙여 놓는데 그것을 모르고 동생들이 먹다가 "으악!" 소리치면, 그때마다 뒤돌아서서 키득거렸던 나는 참으로 철없는 누나였고, 언니였다.

부전여전

저녁해가 뉘엿뉘엿 넘어갈 무렵, 친구 승란이가 놀러 왔다. 바람도 쐴 겸 해서 효창공원으로 놀러 가자고 하기에 함께 집을 나섰다.

내 집에서 공원까지는 20분 거리이다. 골목을 한참 걸어가면 가파른 계단이 나오고 승란이와 나는 가위바위보를 하면서 한 계단씩 올라갔다. 어찌나 길고 높은지 우리들은 그곳을 백팔계단이라고 불렀는데 정확히는 백 하나였다. 그렇게 오르니 효창공원은 어느새 별빛이 흐른다.

승란이와 나는 공원 벤치로 다가가 앉았고 옆에는 잔디가 깔려 있었다. 조금 앉아 있으려니 승란이가 만나기로 한 남학생 서넛이 다가왔다. 혼자 오기 멋쩍어 나를 데리고 왔다는 승란이와 그 친구들과 결국 소개팅을 한 셈이다.

나란히 앉아 어느 학교 다니느냐고 통성명을 하고 남학생들은 엘비스 프레슬리 이야기를 비롯해 물레방아 도는 인생 노래를 떼창하기도 하면서 한참 신명이 나 있을 때, 경비 아저씨가 다가오더니 "너희들 잔디밭에 왜 들어왔어! 집에도 안 가고 여기서 뭣들 하는 거야?"라고 고함을 치는 통해 남학생들은 혼비백산해 줄행랑을 쳤다. 승란이와 나는 당황해서 "아저씨! 그냥 앉아서 떠들었는데요."라고 하니 통행금지가 다 되었는데, "여자아이들이 겁도 없이. 쯧쯧!" 하면서 지나쳐 갔는데 바로, 그때 어디서 나타났는지 순찰을 도는 순경 두 명이 파출소로 가자고 하는 게 아닌가. 그런 찰나에 통행금지 사이렌 소리가 울리기에 우리는 파출소로 향했다.

그곳에서 학교와 부모의 직업, 가족관계 등을 묻는 말에 대답했고 어찌해서 저녁 시간에 공원까지 왔는가를 물어보았다.

"통행금지 해제되면 집으로 가야지. 여학생이 공부는 안 하고 늦은 밤에 남학생과 앉아 희희덕거리는 게 옳은 일인가."라고 호되게 꾸지람을 들었다. 쭉 의자에 앉아 통행금지 해제를 기다리다가 날이 밝아 풀려나 집에 오니 난리법석이었다.

밤길에 돌아오지 않는 나를 걱정하며 뜬눈으로 밤을 지새운 아버지가 노발대발하셨고, 그런 아버지를 어머니는 친구 집에서 자고 올 테니 걱정 그만하시라고 안심시키느라 고생을 했다는 것이다. 나는 두 분께 자초지종을 말씀드렸다. 남학생 이야기는 쏙 빼고 말했더니 에고! 고생했다. 얼른 방에 가서 눈 좀 붙이라고 어머니가 등을 떠밀었다.

그 일이 있은 지 며칠 후 아버지가 그 파출소에서 벌금을 내고 풀려났다고 하신다. 귀갓길에 남의 집 담장에 핀 찔레꽃이 탐스러워 서너 송이 꺾다가 밤도둑으로 수상히 여긴 순찰대에게 걸렸다고 하셨다. 어머니는 아버지를 향해 소리쳤다. "부전자전이 아니라, 부전여전!"이라고 말이다.

불량소녀

나는 늘 앞자리만 차지했다. 줄곧 4번이라는 닉네임이 붙을 정도로 키가 작았기에 30번 이상 넘어가 뒤에 앉는 친구들이 부러웠다. 수줍은 듯 봉긋하게 솟은 가슴 하며 늘씬한 다리 하며 친구들은 성숙해서인지 고1 때도 어른스러웠다. 내 등 뒤로 2번 건너뛴 자리에 앉은 선희. 흰 피부에 곱슬거리는 머리카락에 가끔 창밖 먼 곳을 주시하던 선희. 늘 말이 없는 외톨이였다.

그런 친구가 교무실로 불리어가더니 정학을 맞았다. 들리는 소문에 의하면 원조교제를 했다는 둥. 요정에 나간다는 둥. 이상한 말뿐이었다. 나는 선희의 묘한 표정이 늘 마음에 걸려서인지 그 친구의 빈자리에 시선을 꽂곤 했다.

그러던 어느 날 선희가 나를 찾아왔다. 집 앞 빵집에서 친구들과 만났는데 빵값이 없어서 찾아왔다는 것이다. 참으로 막막했다. 어린 학생이 돈이 있을 리가 만무하지 않은가. 용돈 한 번 탈 수 없는 시절에 그냥 거절할 수도 없고 이 궁리 저 궁리 끝에 마침 아버지가 시계를 벗어놓고 출근하신 게 생각나 그것을 맡기기로 했다.

선희와 빵집으로 가니 생소한 남학생들이 진을 치고 있었고 그곳에 영희도 있었다. 영희는 어쩌다 선희와 어울린 것인지. 아버지가 한의원 하셔서 넉넉한데 왜 내게 SOS를 친 것인지. 아무튼 빵집과 가깝다는 이유로 나를 찾아온 것이리라.

선희는 그 당시 집이 신월동에 있어 염리동에 있는 학교와는 먼 거리였다.

그날 밤 내 집에서 머문 선희는 무슨 고민이 그토록 많은 걸까. 깊은 한숨을 쉬면서 담배 한 모금을 빨았다. 의외였다. 담배까지 필 줄은. 하지만 웬일인지 선희가 그럴수록 내 마음이 끌렸다.

다음날 아버지 시계가 없어진 걸 안 부모님께서 호통을 치셨다. 빵집에서 대책 없이 곤란하게 된 것을 벗어나게 해 준

것은 잘했지만 늦은 시각에 그런 상황을 벌이고 친구 집에 찾아온 선희도 잘못이라면서 꾸지람을 들었다. 눈물만 뚝뚝! 흘리면서 말없이 서 있던 선희. 그 친구가 지금도 눈에 선하다.

그 즉시 어머니 손에 이끌려 빵집에서 아버지 시계를 찾아왔고 어머니는 내게 그런 친구는 이제 만나지 말라고 충고를 하셨다.

"넌 너무 여려서 탈이다. 어디 친구가 한둘이 들락거려야지. 날마다 하라는 공부는 하지 않고 친구들 집에 불러서 동생들 먹거리까지 몽땅 나누어 주니 으휴! 그러고도 친구 중에 어디 진실한 친구 하나 있으면 말해보거라."라고 했다.

어린 탓인지. 친구라면 마냥 다 좋았다. 재잘거려서 좋았고 내가 하지 못한 것을 다른 친구가 저질러서 좋았다. 바라보는 것만으로도 좋았다. 마음속에서 메아리치는 하면 안 된다는 것에 대한 반항심. 모든 것들이 호기심 천국이었다.

비 오는 날에

장맛비가 연일 쏟아지던 어느 날, 어머니는 이른 아침부터 나를 재촉하신다. 빨리 장화 신고 아버지를 찾아 나서자고 말이다. 어제 외박을 하신 아버지 소식을 접했는지 등에는 동생을 업고 내 손을 잡고 집을 나섰다.

마포구 공덕동 로터리, 골목은 소위 명동거리라고 불렀었다. 그곳은 돼지갈비집이 즐비해 1층은 음식점이고 2층은 다락방이 있었다. 어머니는 그중 어느 한 집으로 걸어가시더니 걸음을 우뚝 멈추어 서고 그 집 대문을 두드렸다. "계세요? 여보세요?"라고 소리를 치면서 말이다.

얼마쯤 지났을까. 2층 작은 창문이 열리더니 젊은 여자가 얼굴을 창문 밖으로 내민다. 그 여자는 어머니를 향해 누구를 찾으시냐고 물었고 이내 그런 분 안 계신다고 하면서 창문을 닫더니 깜깜무소식이다. 어린 계집아이였던 내 눈에도 여자의 입술이 고추장을 묻혀놓은 듯 새빨갛다.

어머니는 "으휴!" 하고 한숨을 쉬시더니 그 길로 골목길을 되돌아 나오는데 하늘도 어머니의 마음을 아신 걸까. 비바람이 몰아치더니 어머니의 비닐우산마저 살이 부러지는 바람에 물벼락을 치는 것이 하필이면 내 가랑 머리 위로 떨어질 게 뭐람!

"엄마! 내 머리가 다 젖었어."

엉엉 우는 나를 말없이 손을 꼬옥 움켜잡던 어머니. 어머니도 흐느끼시기 시작했다.

비에 흠뻑 젖은 채로 골목을 빠져나오니 거짓말처럼 비가 멎었다. 햇볕이 쨍쨍한 거리에는 어디서 몰려왔는지 노점상이 펼쳐졌다. 그 중, 싸리 소쿠리를 지게에 얹고 그 속에 바나나를 산더미처럼 올려놓은 아저씨가 나를 향해 외쳐댄다.

"바나나 한 개에 2원이요."라고 말이다. 바로 그때, 누군가가 등 뒤에서 나를 부르는데 뒤돌아보니 아버지다. 어디서 나타나신 걸까. 나는 홍길동 같다고 생각했다. 아버지는 바나나 세 개를 5원에 구입했다면서 한 개는 나를 주셨다. 다른 한 개중 껍질을 벗겨 반을 뚝 잘라 어머니 등에 업힌 남동생 손에 쥐어주고 나머지 한 개는 어머니에게 건네주니 어머니가 도리질을 치셨다.

'아! 이렇게 맛있는 것을 왜?'

나는 바나나를 와구와구 씹어 먹었다. 참으로 꿀맛이었다.

생일 유감

할아버지 생일 잔칫날, 손녀가 노래 부르고 케이크 촛불을 입으로 불어서 껐다. 한 상에 빙 둘러앉은 가족들은 손녀의 재롱에 갈채를 보냈다. 수줍음 많은 일곱 살 배기 손녀는 엉뚱하기도 하다.

여리고 가냘픈 몸에 두 눈만 초롱초롱 빛나는 아이. 호기심 많을 나이이다.

요즘은 유치원에서도 성교육을 하기에 손녀가 걱정이라는 며느리 왈, 유치원 친구 중에 가족 나들이 갔다가 알탕을 먹고 왔다고 했는데 손녀는 깜짝 놀라면서 어떻게 "알탕을 먹을 수 있나?"라고 묻더라는 것이다. 작은 아들을 보고 손녀가 묻기에 아들은 페니스를 가리켜 알탕이라고 했다는 것이다.

알탕을 먹어서 큰일 났다고 말하는 손녀로 인해 가족들은 당황할 수밖에.

그때 내가 손녀를 향해 동태 배 속에 들어있는 알을 끓인 것. 생선알 매운탕이 알탕이라고 한다. 아빠가 말한 알탕은 "봉알"이라고 하는 거라고 말하니 "할머니! 그럼, 여자는 뭐라고 해요?"라고 되묻는 게 아닌가. 이걸, 우얄꼬! 난감하다.

며칠 전에는 유치원 선생님이 가을 고추잠자리에 대해 아는 사람 손들어 보라고 했더니 다른 아이들은 조용한데 손녀가 "저요! 저요!" 라고 외치며 손을 들었다고 한다.

자리에서 벌떡 일어난 손녀는 "고추가 달려서 고추잠자리예요."라고 말했다. 며늘아기는 손녀의 성교육을 어찌 시켜야 할지 고민이라면서 유치원에서 배운다면서 오늘은 분명 할아버지 생신이니 일기장에 주고받은 대화를 쓸까 봐 걱정했다. 작은아들 내외를 배웅하면서 손녀에게 '할아버지 생일 축하해요'라고 적어야 한다고 신신당부했다.

애기똥풀

친정으로 들어서는 길목에 노랑꽃 한 무더기가 피어있다. 꽃잎은 노랑나비 두 마리가 마주 보고 앉아 속삭이듯 바람에 나풀거리고 꽃눈도 샛노랗다. 어디서 날아왔는지 이리도 고울까. 나는 가던 길을 멈추고 쪼그리고 앉아 두 손으로 흙을 파내고 꽃 한 무더기를 뿌리째 뽑았다. '이거야말로 어머니 화단에 심으면 기뻐하시겠지!' 하는 마음으로 친정으로 향해 발걸음을 재촉했다. 두 손으로 받쳐 들고 온 노랑꽃들을 어머니 뜨락에 심고 현관문을 여니 인기척이 없다. 어디 가신 걸까. 두리번거리려니 비닐하우스에서 상추 한소끔 손에 들고 나오신 어머니는 꽃밭으로 시선을 옮기신다.

"아니, 누가 수국 옆에 똥풀을 심어 놓은 거야? 너지? 너

아니면 이런 짓 할 사람이 없어. 그 나이 먹도록 똥풀인지 꽃인지도 모르냐. 밖에 나가면 지천이 똥풀인데….”라고 하시더니 이내 노랑꽃을 뽑아 내친다.

“아! 저 꽃이 애기똥풀이구나.” 앞마당에 뿌리째 뽑혀 나뒹구는 꽃을 바라보고 있자니 마치 내가 뒹구는 것 같았다.

어릴 적에는 송충이 잡다가 팔에 쏘이면 똥풀까지 꺾어 상처에 문질러 주시고 물로 헹구어 주던 어머니께서 시골 오지에서 홀로 지내시다 보니 마음마저 지쳐 버렸나. 아니면 피붙이 그리움에 역정을 표출한 것인지.

“애기똥풀아! 미안하다.”

내가 그곳에서 뽑아 오지만 않았어도 너는 당당한 아름다움으로 지나는 길손을 반길 텐데.

어느 봄날에

지난해의 일이런가. 코로나19로 인해 거리 두기와 인원 제한의 만남이라 조심스러운 때에 ㅈ시인이 나를 찾았다. 그분은 동해에 터를 일구고 작품 활동을 꾸준히 하고 계시는데 예전에는 나와 한동네에 살던 이웃이었다.

출판 관계로 서울에 오니 앰뷸런스는 쉴 새 없이 윙윙거리며 달려가고 모처럼 발길 닿은 인사동은 한적하기 그지없고 대학 동창 만나 대포 한잔할까 했더니 확진자 되어 자가격리 중이라니 이거야말로 어찌 사람 사는 세상이라고 할 수 있냐는 것이다.

그래도 똥밭이라도 이승이 저승보다 나으니 열심히 작품을 쓰라고 용기를 주시는 시인께 나 또한 대접할 것이라곤 간단 한 다과와 커피 한잔이 고작이었다. 시인은 소파에 앉아 차를 마시고 나는 선 채로 마셨다. 그리고는 얼른 마스크를 썼다.

청량리에서 무궁화호를 타고 가야겠다면서 자리를 박차고 일어선 시인을 배웅하고자 사무실을 나와 전철역이 이어진 불광천 산책로로 향했다. 막 산책로로 접어드니 빗방울이 후드득거리면서 보슬비가 이내 장대비로 변하는 게 아닌가. 나는 가까운 편의점으로 뛰어가 우산 두 개를 사서 시인이 계신 곳으로 오니 어인 일인가.

비를 흠뻑 맞아 백발이 성성한 머리카락은 엉킨 채로 빗물이 뚝뚝! 떨어져 내리고 착 달라붙은 티셔츠는 가슴 언저리에 까맣게 꼭지가 튀어나온 듯 자욱이 있으니 우얄꼬! 웃을 수도 없고 손으로 코를 꽉 움켜쥐며 웃음을 참는 나를 향해 멋쩍은 듯 웃는 시인은 어찌 그리 순박해 보이실까.

팔순 노인의 미소가 황순원의 소나기에 나오는 소년을 연상시키니 말이다. 아마도 시를 통해 동심을 접하는 까닭에서 묻어나온 것이리라.

시인은 큰 나무 아래 서서 비를 피한다는 것이 어찌나 바람이 세게 불던지 나뭇잎에 매달린 빗방울이 우수수 떨어지는 바람에 생쥐 꼴이 되었다고 하면서 젖꼭지가 보여 어찌 전철을 탈 수 있겠느냐고 걱정을 하고 나는 좋은 수가 있으니 염려 마시라고 했다.

지하철역, 편의점에서 대일밴드 한 상자를 구입해 시인에게 드렸고 곧장 화장실로 향한 시인은 가슴에 대일밴드를 붙이고 나왔다. 감쪽같다면서 두 손으로 가슴을 두드리는 시인은 그렇게 귀경길에 올랐다.

이제 한 해가 가고 봄의 전령이 내려앉은 불광천 산책로엔 꽃들이 방긋 피어나고 나비가 나풀거리고 새소리가 드높다. 시인을 흠뻑 적셨던 나무도 장승처럼 우뚝 멈추어 서 있다. 양쪽으로 가지를 곧게 뻗어 하늘을 향해 두 팔 벌린 나무엔 잎새들이 바람에 살랑이고 나는 나무 아래를 거닐며 그때 시인이 떠올라 웃음이 절로 난다.

시인이 만일 다시 한번 나를 찾는다면 그때는 융숭하게 대접을 해드려야겠다. 우산도 필히 챙겨두고 말이다.

연애편지

초등 6학년 때의 일이다. 국군 장병 위문편지를 쓰는 날이라서 내가 앞에 나가 칠판에 인사말을 썼다.

'안녕하세요. 국군 장병 아저씨. 나라를 지키시느라 얼마나 애쓰십니까.'라고 서두를 쓰면 그 후에는 아이들이 각자 생각나는 대로 적어 보낸다.

그 후에 답장이 오면 한번은 다시 보내지만, 서신이 계속 이어지는 일은 드물다. 하지만 답장이 반복된 적이 있어 그때 마침 옆방에 기거하는 언니가 관심 있어 하기에 편지를 보내라고 하니, 내 이름으로 쓰라면서 사양하기에 은근히 장난기가 발동했다.

'저는 갓 학교 졸업하고 직장에 다니는 스무 살 처녀이옵니다. 위문편지를 쓰는 아무개의 소개로 글을 올립니다.'라고 시작한 편지가 날이 감에 따라 군인 아저씨의 사랑 고백까지 받게 되었다. 그러다가 마침. 군인이 제대를 하게 되어 불현듯 찾아왔다. 편지 주소 적힌 대로 찾아왔다면서 어머니에게 "혜숙 씨가 이곳에 살고 있다는데 그분! 어디 가셨습니까?"라고 물었다.

어머니는 혜숙이 이름은 맞는데 20살 처녀는 없는데요. 내 딸은 겨우 13살인데 도대체 누굴 찾는 것이냐고 되물었고, 그는 분명 이곳 주소로 이렇게 오랫동안 편지로 왕래했는데 그럴 리가 없으니 사실대로 말씀하라고 통사정을 했다. 그녀를 사랑하게 되어 그녀 없인 다른 생각을 할 수 없다며, 꼭 만나야겠다고 하는데, 어머니도 이상한 마음이 들었는지, 다락에 숨어있는 나를 빨리 내려오라고 다그쳤다.

나는 군인이 똑바로 서서 거수경례하면서 "상병 김경식. 신고합니다. 따님 차혜숙을 찾아왔습니다."라는 소리에 놀라 다락으로 뛰쳐 올라가 숨죽이고 있었는데, 아뿔싸! 엉거주춤 걸어서 군인 앞으로 오니 그의 실망스러운 눈빛이 당황한 기색이다. 우얄꼬!

어머니는 나를 향해 장난칠 일이 따로 있지, "내가 저년을 어찌할꼬!"라고 책망했다. 군인을 향해 간곡히 사과하시고, 이왕 이리되었으니 식사라도 하고 가라시면서 이내 밥상을 차려왔다. 어머니의 정성에 감복한 군인은 허허하고 실없는 웃음을 웃고는 식사를 맛있게 먹고 돌아서는 군인의 어깨가 축 늘어져 있었다.

3부

오줌싸개

오줌싸개

갑자기 소피가 마려웠다. 나는 학교 2층 계단 위에서 바지를 내리고 웅크리고 앉아 소피를 보았는데 어찌나 시원하게 나오던지. 한참을 그렇게 있으려니 개운함마저 일었다. 순간, 깨어보니 꿈이었다. 이불은 흥건히 젖어있고 이걸 어쩐다! 큰일이다 싶어 옆자리에 곤히 잠들고 있는 남동생 이불과 살짝 바꿔치기를 했다. 그러고는 못다 이룬 잠을 청했다.

다음 날 아침, 어머니가 조용히 이부자리를 마당 빨랫줄에 너신다. 그때 대청마루로 황급히 뛰쳐나온 남동생이 어머니에게 "내가 오줌을 쌌으면 팬티가 젖어야 하는데 뽀송뽀송해요."라고 말했다.

그제야 어머니 두 눈이 번뜩이더니 “아무래도 이상하다 했어!”라고 하시면서 모두 마당에 집합하라고 소리치셨다. 나와 여동생 세 명이 한꺼번에 나란히 서 있었고 팬티 검사를 하는 어머니가 내 곁으로 다가올 때 어찌나 가슴이 두 방방이질 치던지. 덜덜 떨고 서 있는 나를 향해 “옳지! 잘 걸렸다. 바로 너지? 네 옷이 축축한데 어쩜! 앙큼하게 오줌을 싸고 동생에게 누명을 씌워”라고 고함을 치시더니 방망이 세례를 퍼붓는다.

호되게 두들겨 맞고 그 길로 키를 머리에 쓴 채로 바가지를 들고 옆집 양순네로 소금을 얻으러 갔다. 양순 어머니는 어느 틈에 알고 기다렸다는 듯이 부지깽이 들고 나와 키를 쓴 내 머리를 인정사정없이 두드리고 왕소금을 마구 뿌리셨다.

“이젠 소금도 아깝구나!” 하시면서 바가지에 한 움큼 넣어 주신 소금.

엉엉! 울면서 집으로 향했다.

그때는 왜 오줌 싸면 소금을 얻으러 간 것일까.

이팔청춘

90살이 된 노모와 두 딸이 전철을 탔다. 서울 병원에 왔다가 가는 길인데 노모 옆자리에 앉은 할아버지 힐끗 쳐다보더니 노모에게 말을 걸기 시작했다. "어디까지 가슈?"로부터 시작해 자신이 월남전에 참전한 이야기를 계속 이어갔다. 노모는 "에고, 그래서요. 큰일 나실 뻔했구려!" 하고 맞장구를 쳤다. 이야기는 끝날 줄 모르고 할아버지는 신명이 나 전철 안이 울릴 정도로 큰 소리를 낸다.

두 딸이 민망해하던 차에 저쪽 노인 칸이 비어 그쪽으로 가면서 "엄마! 이리 오세요."라고 손짓했다. 그랬더니 할아버지는 "아니, 젊은 색시가 왜 할머니 오라 하나? 아직 이야기 안 끝났는데. 할머니 가지 마세요."라면서 일어서는 노모 옷자락을 당긴다. 노모는 두 딸이 앉은 곳으로 비틀거리며 지팡이에 의지한 채 걸어갔다.

"아니, 할멈 왜 가요?" 할아버지 연신 소리치면서 팔을 휘젓는다.

노모가 두 딸이 앉은자리 옆에 앉으며 하는 말, "영감이 이쁜 건 알아가지고…. 쯧쯧!"

어머니가 병원에 오셨다 가는 길에 차 안에서 물었다.

옛날 내유리 살던 군인이 나를 만나고 싶다는데 만나 볼까?라고 말이다. 아니, 이 무슨 홍두깨 같은 소리인가. 아버지가 세상을 하직한 지 15년이 넘은 데다가 어머니는 90살이 다 되어서 처녀 적 편지 주고받던 군인이 작은 이모에게 어머니 소식을 물었다는데 아마도 그 일이 생각나셨나 보다.

벽제에 살던 어머니는 꽃다운 나이에 내유리 사는 총각 군인에게 편지를 받았다고 한다. 그때 외할머니는 보릿고개에 딸만이라도 서울 양반 부잣집에 시집보내려고 해 이불 보따리 머리에 이고 둑길을 걸어 시집왔다는 어머니. 일생을 6남매 키우시느라 갖은 고생 다 하시고, 아버지 바람 재우러 시골로 낙향해 텃밭에 정성을 묻고, 젖소 키우시며 혈액암 투병한 아버지 정성껏 간호하며 모진 고초 겪으시더니 이제 홀로 되어 옛 생각이 나나 보다.

허리는 굽을 대로 굽어지고 얼굴은 세월의 잔주름이 한가득. 지팡이에 의지해 남은 여생 병마와 싸우면서도 한편으로 순정이 남아있었는지.

어머니! 그분은 군인으로서 스타까지 되셨다는데 건장하니 나이보다 젊으실 텐데, 그분이 어머니 안부를 묻는 것은 젊은 시절 모습이 정지된 상태로 남아있을 터인데. 추억은 추억일 뿐이다.

이제 와 만나서 어찌할 수 있겠는가. 안 만나시는 게 좋을 것 같다고 내가 말하니 어머니 왈, “그래도 그분이 보고 싶다고 했는데…”라고 말씀하는 어머니의 두 뺨이 발그스레하다.

인연

성북동 언덕 위 좁고 오래된 계단 위로 오른다. 일흔일곱 개의 계단을 지르밟으면 심우장이 나온다. 심우장은 만해 한용운 스님의 유택이다. 대문을 열고 들어서면 사랑채 액자 속에서 위엄을 갖춘 스님의 모습에 구름도 멈추고 바람마저 숨죽인 듯하다.

내 나라. 이곳에서 태어나 어머님 품속 같은 고향이기에 애초부터 잃은 것이 없기에 침략자로부터 나라를 찾는 것조차 우습다고 하신 스님.

님의 침묵 속에 통곡하시듯 앞마당에는 계월향 홍단심 무궁화가 연이어 피어 있다. 나뭇가지마다 별빛처럼 흐르는데 심우장 스님은 간 곳 없고 그분의 님의 침묵만이 나를 각인시킨다. 심우장을 나와 만해 스님과 인연이 깊은 안국동 조계사로 발길을 돌렸다.

조계사는 1911년에 한용운과 이희광 스님에 의해 각황사로 창건했다. 후에 태고사에서 1954년에 일제의 잔재를 몰아내려는 불교 정화 운동 이후로 조계사로 고쳤다. 그곳에서 7층 석탑 안에 부처님의 진신사리가 봉안되어 있어 탑돌이를 한다. 만해 스님이 전북 정읍에 있는 보천교 집터 중 33칸을 떼어와 조계사를 세웠다고 하는데 그 당시 보천교 교주가 차경석이고 독립운동과 관계있다고 한다. 일상이 답답할 때나 가까운 이의 죽음 앞에서 한걸음에 달려갔던 조계사. 초를 켜고 향을 사르고 영혼 구원을 염원했던 이유가 바로 한용운 스님과의 인연 때문이었으리라.

청주 한 씨 문정공파 자손인 남편과 살면서 갖은 풍파도 많았기에 저절로 눈살이 찌푸려지기 일쑤였잖은가. 에고! 원수 같은 남편! 운운하며 세월을 낚았는데 저절로 발길 따라 찾았던 조계사가 바로 스님의 차 씨네 조상 집을 정토로 만드셨으니 어찌 이런 우연이 있는지.

인연 속에 나라 사랑하는 이들의 피 끓는 절규로 인해 내가 원망도 할 수 있고 희로애락 누리면서 이 땅 위에 숨을 쉬고 있는 것조차 목숨 바쳐 나라 구한 순국열사의 희생에 의한 복일진대 은인자중해야 할 것 같다.

아! 만해 한용운 스님 감사합니다.

잣나무

오미자차에 동동 띄운 잣 서너 알. 바알간 오미자 빛깔도 곱지만, 잣의 풍미가 고소하기까지 하다. 어릴 적, 잔칫날이 오면 고명으로 쓰려고 어머니가 잣을 사서 찬장 서랍에 넣어 두시곤 했는데 그때마다 서랍 속에서 한 숟갈 떠서 몰래 먹던 잣이 어찌나 맛있던지 지금도 입가에 침이 고인다.

내가 태어난 1953년에는 남아선호사상이 강했다.

아버지 역시 사내아이를 바라셨는지, 외가에서 몸을 푼 어머니가 아기를 낳았다는 소식을 듣고 경기도 벽제 할머니 댁으로 달려가셨는데 그만 딸을 낳았다는 말에 잣나무를 부둥켜안고 대성통곡을 하셨다나.

잣나무는 외할아버지께서 심으셨고 50년이 훨씬 넘어 해마다 풍요를 선사한 아름드리나무였다. 그 나무가 아버지가 눈물 바람을 하셨다고 그만 죽어 버렸다니 믿을 수 없는 일이다. 그러니 외할머니는 얼마나 속이 상했을까. 보릿고개에 시달려 18살 어린 딸을 서울 양반 부잣집 홀아비에게 시집보냈는데, 딸 낳았다고 쳐다보지도 않고 그 길로 밤차 타고 서울로 가버린 아버지가 괘씸하기도 하셨으리라.

아버지는 동경 유학생과 연애 결혼해서 두 딸 낳고 행복하게 살 무렵, 그만 아내가 결핵에 걸려 이승을 떠나는 바람에 두 딸도 장모가 데려가 열병으로 잃고 좌절할 때 장모의 소개로 숫처녀인 어머니를 만났다고 한다. 아버지에게는 내가 셋째 딸인 셈이고, 어머니에겐 첫 딸인 셈이다. 아버지는 어쩌면 첫 부인을 생각하고 통곡을 하신 모양이시다.

내가 외가에 갈 때마다 할머니께서 "잣나무가 니 애비 때문에 죽은 기다." 라고 반복하심은 전쟁터에 남편 잃고 할머니는 아마도 잣나무를 통해 할아버지를 그리워한 것이 아닐까.

이런저런 연유로 인해 잣을 띄운 차를 마실 때면 이승을 떠난 할머니와 아버지가 투영되는 것인지, 그리움으로 마신다.

젖몸살

내 집은 방이 많아 방 한 칸씩 세 들어 살던 이들이 옹기종기 함께 생활했다. 그중 가운데 방에 세 들어 사는 미싱사 새댁은 덩치는 큰 편이고 얼굴도 수수하니 젊은이 같지 않았다. 일찍 고향을 등지고 객지에 나와 미싱자수 일을 익혀 기술자가 되었으니 얼마나 고생을 많이 했기에 나이보다 더 들어 보였으니 신랑과 함께 있으면 누나 같다고 했다.

새댁 미싱 솜씨가 좋아 캐시미어 이불에 목단과 공작을 수놓아 부업이 날로 인기가 있어서 집도 장만할 것 같다고 했는데 조금만 더 하고 욕심내면서 돈! 돈! 했다. 그래서인지 신랑은 새댁에게 싫증을 느꼈을까.

날마다 머리에 기름 반지르르하게 바르고 양복을 물찬 제

비처럼 빼입고 방문을 나서면 새댁이 구두 광을 내는데 파리가 낙상할 것 같다. 그런 모양새로 외출하는 인쇄공 신랑은 드디어 여자가 생겼다는 소문이 나기 시작했다. 그것도 새댁보다 젊고 야리한 여자로 말이다. 그러니 새댁의 고민은 날로 깊어져 가고 자기와는 천지 차이라는 신랑을 자랑스럽게 생각하고 살아왔으니 헤어질 수도 없고 진퇴양난인 그녀가 어머니에게 고민을 털어놓곤 했다. 그럴 때마다 동병상련에서일까. 어머니는 여자의 일생 운운하며 참고 견디라고 다독이곤 했다.

새댁은 아이라도 생겼으면 혹시 달라질까 했으나 쉽사리 아이가 생길 기미조차 없다가 행운인지 5년 만에 임신했는데도 신랑 일은 허사였다. 새댁이 아들을 낳고 몸을 풀자 젖몸살에 시달렸다. 그때마다 병원도 가고 젖 흡입기로 짜내도 나을 기미가 없자 어머니께서 "숙아! 네가 새댁 젖 좀 빨아라!" 젖 먹으면 몸에 이로운 것이니 괜찮다고 하면서 새댁에게로 데려갔다.

그날 이후로 새댁은 젖이 부풀어 오르면 나를 기다리게 되었다. 중학교 3학년생인 내가 학교에서 오기만 손꼽아 기다리는 새댁. 나는 오자마자 대청마루에 책가방을 휙 던지면 "아이고, 어서 와!"라고 새댁이 반기고, 나는 그녀의 젖무덤을 헤치고 쭉쭉 소리 나게 빨았다.

돈 100환을 받은 아르바이트였다.

착각은 자유라지만

초등학교 때부터 중학교 때까지 친했던 표자가 방과 후 만날 것을 약속해왔다. 내 집 신공덕동에서 20분 거리인 효창동 표자네로 걸어가고 있는데, 어느새 나왔는지 표자가 남학생과 함께이다. 우리 셋은 그 옆에 있는 빙수집으로 갔다. 남학생은 초면임에도 왠지 낯이 익다. 빙수 세 그릇을 시켜놓고 마주 앉으니 표자가 자기 사촌이라며 소개했다.

"아 참! 너도 마포 초등학교 나왔지. 걸이도 동창이야."라고 말했다. 아하! 그래서 낯이 익었구나. 기억을 더듬어 보니 초등학교 때 유난히 얼굴이 창백하고 교복만 입고 다니는 조용히 미소만 머금는 사내아이였다.

빙수집에서 시간 가는 줄 모르고 어릴 적 이야기로 꽃을 피

우다가 헤어졌는데 걸이와 얼마 만인가, 학교 졸업하고 중3이 되어서야 만났으니 한창 사춘기에 접어들 나이라서 걸이는 의젓했다.

중3 남학생이라고 하기엔 조숙했다. 나지막한 음성에 우수에 젖은 표정이 늘 심각해 보였다. 쉽게 범접할 수 없는 매력의 학생이었다. 매사에 열심이고 문학을 사랑하고 언어 능력도 뛰어난 덕분에 영어도 유창하고 그림도 잘 그리는 걸이. 자연, 비교가 될 수밖에. 볼품없는 모양새에 공부하곤 담 싸놓고 낙서만 연신하는 나야말로 걸이가 우상이었다.

여학교에서 문학의 밤을 개최하면 불리어 다니면서 낭독이나 낭송을 하는 걸이가 나와는 먼 거리에 동떨어져 있는 듯했으니 그런 나를 걸이는 침묵했다. 어쩌다 만나면 멍하니 자기애에 빠져 있는 걸이가 점차 어색하고 어려워지기 시작했다.

그러던 어느 날. 유행의 첨단을 걷는다고 나도 머리핀 풀고 운동화 뒤축을 구겨 신고, 질질 끌면서 껌을 씹으며 걸이를 만났다. 그때 처음으로 내뱉은 말은 "학생이 공부 열심히 할 것이지. 복장은 그것이 무엇이며 천박하게 껌을 딱딱 씹으며 날라리 흉내를 내도 너는 아직 땅꼬마이다."라고 하면서 그 길로 멀어져 갔다. 걸이가 처음이자 마지막으로 내게 쏘아댄 것이다.

한창 진로가 걱정인 터에 한심하다면서 퇴짜를 맞은 셈이다. 그토록 오랜 시간 동안 갈망하던 나의 롤모델이었는데….

나는 그 후 틈만 나면 아궁이에 군불을 지피며 불장난했다. 아궁이 속에서 부지깽이로 인해 탁탁! 튀어 오르는 불티를 보면서 언젠가 나도 활활 타오르리라. 꼭 비상을 해서 걸이에게 당한 모욕을 갚아 주리라. 그래서 훗날 당당하게 만나리라. 두 주먹을 불끈 쥐곤 했었다.

수십 년이 흐른 지금, 훌륭한 예술가로 자리 잡은 걸이는 그때 내게 말이 없었던 것은 내 옆에 앉았던 짝꿍 남연희가 보고 싶어서였다고 하니 이거야말로 착각이 아니고 무엇이랴. 하지만 어찌 되었든 간에 나야말로 그를 정신적 지주로 삼아 내 인생의 반환점을 구축했다.

책가방

솟을대문을 열면 쪽방이 하나 있었다. 그 방에 철도국에 다니는 부부가 살고 있었는데 십 년 동안 아기가 생기질 않았다. 금슬은 좋은데 아가가 없는지라, 자연 나를 업고 자기 피붙이인 양 애지중지했다는 것이다.

그런 부부가 임신했고 쪽방이 좁아 용문동에 있는 방 한 칸으로 이사를 갔다. 비록 방 한 칸이지만 열 석 자짜리 장롱이 들어가는 큰 방이었다. 그곳에서 아들아이를 낳았는데 산후 조리를 돕는 할머니가 3일 만에 아프셔서 고향으로 내려가는 바람에 도울 사람이 없다고 어머니한테 기별을 해 왔다.

그때, 마침 내가 초등학교 6학년을 마치고 한 달 있으면 중학교에 입학할 나이라서 어머니는 나를 그 집으로 일하라고 보내셨다.

두 부부가 어릴 적 나를 어여쁘게 여겨 딸 이상으로 사랑스러워했으니 모름지기 은혜를 갚아야 한다면서 나보고 산후조리사를 하라고 하셨다.

예로부터 산후조리사가 도중하차하면 아이가 부정 탄다고 그 집에 안 가는 풍습이 있었다고 한다. 그런 관계로 아직은 어려도 손끝이 맵고 눈치가 빠르니 우선 아쉬운 대로 내 등을 떠밀었고 두 부부 역시 내가 이제 중학생이 되니 책가방을 사주겠노라고 하면서 기뻐했다. 이런저런 연유로 인해 엄동설한에 산후조리사로 열흘 동안 아르바이트를 하게 되었다.

고무장갑도 없는 시절에 아궁이 하나에 뜨거운 물 데워 산모에게서 나온 불순물이 묻은 빨래 하며 아가 똥 기저귀를 댓돌에 문질러 세탁하는 고행이 시작되었다. 언 손, 호호! 불며 바람막이 없는 마당에서 빨래한 것을 부엌에 널고 나면 이내 미역국 끓여 밥상에 올리고, 아가 목욕물 데우기, 설거지하기, 퇴근 시간에 아저씨 오시면 저녁 차리기, 13살 어린 소녀가 하기엔 힘에 부쳤으나 인내했다.

부뚜막에 앉아 밥 한술 뜨고 방문 옆에서 새우잠으로 버티길 3일쯤 되었을까. 왠지 집 생각이 나면서 점차 슬픔에 잠긴다. 어머니는 왜 이런 모진 일을 내게 시킨 걸까. 두 부부 역시 나를 천대시하기 시작했다. 쉴세라 식모 부리듯이 담금질을 하는데 그만 울음보를 터뜨리고 말았다. 5일 만에 산후도우미를 박차고 그 길로 집으로 오니 어머니는 왜 벌써 왔느냐면서 당황해하셨다. 그 후 두 부부는 책가방은커녕 사과 한마디도 하지 않았다. 어머니는 어린 딸을 보낸 것을 가슴 아파하며 두 부부와의 인연을 끊었다.

추억 유감

한여름. 대청마루에서 아버지 상추쌈 맛있게 한입에 넣으려는 순간, 어이쿠! 소리와 함께 셋째 동생이 똥통에 빠졌다. 허둥지둥 달려간 자매들이 동생을 끄집어내 마당으로 나오니 온몸에서 똥물이 뚝뚝!

그런 동생을 우물가로 데려가는 찰나에 아버지 그만 화가 나 밥상 위에 놓인 숟가락을 냅다 던지셨다. 자매들을 향해서 말이다. 공교롭게도 숟가락이 오팔 년 개띠인 동생 다리에 꽂혔다. 지금도 종아리에 남아 있는 상처를 보며 지난날이 떠올라 어이없다는 듯이 동생은 입술을 깨문다.

외가 이모 잔칫날, 주름치마에 흰 스타킹 신고 뒷간에 갔다가 항아리 똥통에 그만 풍덩! 나는 "사람 살려!"를 외치며 외가 언니들의 부축을 받으며 엉거주춤 걸어 마당으로 들어서니 잔치 분위기는 금세 엉망진창. 펌프질하는 수돗가에서 엄마가 말하기를, "에고! 내가 저년 땜에 못 살아." 된통 두들겨 맞았다.

언젠가는 일산 옴 할머니 댁에 놀러 가 장독대 옆에 종이 깔고 네 자매가 나란히 똥을 누었다가 그날로 쫓겨나기도 했다. 네 자매를 쫓아낸 할머니는 옷고름으로 연신 눈가를 적셔내면서 내가 가란다고 정말로 가는가. 그런 할머니를 뒤로하고 고사리 손을 흔들며 논둑길을 걸어왔다. 할머니의 뒷간에 구더기가 옴실거리는 것이 무서웠었는데….

이젠 저마다 아파트에 둥지를 틀고 에티켓을 지키는 할머니로 점잖게 변모했다. 어쩌다 모일라치면 추억이 된 그 일을 회상하며 왜 그랬을까를 연발한다. 하지만 두 뺨에 홍조를 띠면서 총명기를 발하는 눈빛은 그제나 지금이나 왈가닥 본능이 남아 있다. 다른 한편으론 부끄러운 흑역사인데 왠지 똥 이야기는 우울한 마음마저 동요시킨다.

캔버스 위의 만상

해마다 부처님 오신 날에는 그림 한 점을 그린다. 그렇게 그린 그림을 그날 오신 인연으로 선물한다. 어떤 이해관계도 없이 생면부지라도 그림을 보시하면서 부처의 탄생을 기념하는 까닭에서인지. 하지만 이번만큼은 나를 위해 그려야 할 것 같아 캔버스 15호를 장만하고 그 위에 물감을 풀었다. 붓 대신 손가락으로 춤을 추기 시작하는 순간, 입에서 탄성이 절로 배어 나온다.

"아하! 부처께서 사시는 곳이 바로 이런 곳이군요. 이런 세상에서 살고 계셨군요."라고 말했다. 캔버스는 온통 등불을 밝힌 듯 광명 그 자체이다.

참으로 신비롭다. 나는 아기가 된 듯 싱글벙글 웃으면서 캔버스 뒤에서 마음 가는 대로 손가락을 움직였다. 그렇게 하길 얼마쯤 되었을까. 캔버스 위에는 좌불이 나를 보고 웃고 계신 듯하다. 어느새 좌불이 자리 잡았고 기쁨이 충만한 것이 환희로웠다. 범접할 수 없는 빛 속에 어우러져 있는 듯한 착각마저 일었다.

정신을 차리고서 좌불이 각인된 캔버스를 손가락 끝으로 가만히 더듬었더니 불현듯 '색즉시공 공즉시색'을 읊조리게 되는 게 아닌가. 있으되 없음이요. 있음이 없음인 것을 예전에는 물질에 대한 욕심을 버리고 중용으로 가라는 뜻으로 해석했었다. 이거야말로 모든 세상의 이치가 나로서 비롯됨을 이제야 깨우치다니 내가 있음에 있음이고 없음에 없음이기에 나의 삶에서 일어나는 것임을. 중용조차도 시작과 끝이 나로 인함을 안 것이리라.

나는 마음이 들떠서 이 깨우침을 도반인 ㄱ시인에게 알렸고 좌불 그림을 스마트 폰에 담아 카톡으로 보내드렸다. 하지만 도반에게 보내자마자 후회를 하게 되었다.

'아뿔싸!'그런 행위마저도 마음의 찌꺼기가 있어서임을 말이다. 바로 부처께서는 어떤 형체나 형상이 아닌 내 안에 있음일진대 내게 보인 신비로운 경험일지라도 초연하지 못했음을 반성하게 되었으니 부족의 소치임을 알게 되었다.

그 길로 좌불 그림을 소각했다. 좌불을 소각한 다음 날 아침. 사무실 앞 도보에서 신기한 일이 생겨났다. 나의 오른손 엄지에 나비가 앉아 날아갈 기미조차 보이질 않는다. 어깨에 둘러멘 가방 속에서 스마트 폰을 꺼내 왼손으로 카메라를 켜서 오른손에 앉은 나비를 찍을 때까지도 그대로 앉아 있었다. 조금씩 움직이면서 엄지 끝으로 가더니 옆으로 옮겨가면서 중지에 날개를 펴고 콕콕 쪼아댄다. 긴 대롱으로 마치 꽃 속의 꿀을 빨듯이 한참을 그렇게 두들겨 댔다. 그러더니 내 손끝을 떠나 자동차 범퍼 위로 날아가 앉는 나비는 영혼을 상징하면서 부활을 나타낸다는데 부처께서 오신 것인지. 지금도 그때의 그 광경을 떠올리면 불가사의한 경험이기에 꿈을 꾸는 것 같다.

파괴분자

어머니 말씀에 의하면 내가 세 살 때 밖에서 앞집 사내아이와 흙장난하다가 그 아이 머리 위에 오줌을 쌌다고 했다. 그것도 서서 말이다. 계집아이가 감히 7대 독자 머리에다가 오줌을 누었다고 그 집 어르신 노발대발 하시고 한 달 만에 다른 곳으로 이사를 가셨다고 했다. 아마도 태어나는 순간 성별이 바뀐 게 아닌가라는 말을 자라나면서 무수히 들었다.

점차 초등학교 입학할 때쯤에는 수줍어도 하곤 했으나 말썽꾸러기에 개구쟁이는 여전했다. 한 번은 아버지 시계 소리가 째깍거리는 것이 신기해 분해했다가 나사를 하나 잃어버렸는데 찾을 수 없었다. 머리에 꽂은 실핀을 뽑아 시계 뚜껑을 열고 시침 분침 건드리면서 결국 망가뜨리고 말았다.

멀쩡한 다리미를 뜯어 놓기도 했다. 어머니 한복 뜯어서 커튼을 만든다고 철사에 꿰어 건넌방 창문에 매달면 아버지는 웬 서낭당인가 하시면서 뜯어 버리곤 했다. 그때마다 눈물을 찔끔거리며 밤새워 다시 만들어 매달아 놓곤 해서 가족들은 도깨비라고도 했다. 한복 역시 어머니 허락 없이 예쁜 것은 모조리 가위질해 바늘로 꿰매어 내 옷으로 변신시켜 놓았다.

어머니가 외출하셨을 때 은수저나 머리카락 삽니다! 하고 다니는 아주머니가 오면 무엇을 팔까? 고민했고 여동생의 윤기 나는 머리카락을 싹둑 잘라 주기도 했다. 방물장사 아주머니 역시 기회 포착을 잘하는지 나와 동생들만 있을 때만 왔다. 어른이 안 계시는가 하고 묻고는 안심했다는 듯이 아마도 어머니가 잘 팔아 놓았다고 좋아하실 거라고 구슬리곤 했다.

마냥 어렸으니 무얼 알겠는가. 방물 아주머니 꾐에 빠져 백자 항아리 하며 놋쇠 양푼 하며 돈 받고 팔아 어머니 드리면 칭찬받는 줄 알았으니 그때마다 한바탕 소란이 일곤 했다. 어디 그뿐이랴. 보릿고개 시절, 옆집 과자공장에 팥앙금 서리하다가 들킨 일 하며 우유죽 배급 타러 갔다가 머리에 이고 오는 도중 냄비를 쏟아 콧등에 지금도 상처가 얼룩져 있다.

자라나면서 자전거 타고 남의 집 장독 깨기 일쑤요. 학교에서 실습한 먹거리 연습하다가 단벌뿐인 바지 태워 먹기. 팬케이크 붙여 동생들 배 터지게 먹이고 설사병 걸려 해우소에 줄을 세우곤 했다.

행여 남동생이 밖에 나가 얻어맞고 오면 여동생을 끌고 일제히 달려 나가 상대방 깔아 눕히고 두들기곤 했다. 아버지 고무신 엿 바꾸는 재미있었고 동생 다래끼 난 눈 치료해준다고 고를 짜내어 지금도 영광의 상처되었다고 불만을 토로한다. 만지는 것마다 부서지고 똥통에 빠지길 여러 차례, 그렇게 성장한 나는 파괴분자라고 불렸어도 그때가 뚜벅 생각나곤 한다.

흰 카네이션

금지된 장난이런가. 어버이날 어인 일로 나는 흰 카네이션 한 다발을 꽃집에서 샀다. 그 꽃을 들고 광화문통을 걸었다. 왜 이리 쓸쓸한 걸까. 동생들은 색종이로 만든 카네이션을 어머니 가슴에 꽂아 주었을 텐데 나는 왜 흰 꽃을 사서 감상에 젖었는지 모른다.

어린 시절 말썽꾸러기였던 나는 매를 벌었다. 계집아이로 태어나기보다는 사내아이가 될 걸 잘못 나왔나 보다고 어머니께서는 내게 말했다. 어머니 등에 업혀 도화동 고개를 지나가면 그곳에 있던 중국집 부부가 나와서 나를 수양딸로 삼고 싶으니 달라고 했다고 한다. 중국으로 들어갈 때 데리고 가서 잘 키울 테니 걱정하지 말라고 했다는데 왜 그랬을까.

아버지 범띠이시고 어머니 개띠이셨으니 두 분 사이에 뱀띠인 내가 태어났고 서로 반목했는지. 겁살에 상충에 원진살까지 있어 공방살 있는 띠이고 보니 나는 태어나는 순간 부모의 띠에 눌린 것이 아닌지. 날마다 울음보가 터지면 어찌나 질긴지 그칠 줄을 몰랐었다고 한다. 하도 울어서 아버지가 홧김에 어머니를 향해 중국집에 주라고 했다고 하신다.

내가 자라나면서 어머니는 늘 말씀하셨고, 말썽을 피울 때마다 몽둥이찜질을 했는데 그럴 때마다 이웃들은 친엄마가 저럴 수 없다며, 얼굴도 닮지 않고 계모가 틀림없다고 수군거렸다.

그럴 때마다 내가 어머니를 향해 "나, 엄마 딸이 맞아?"라고 물으면 "아니다. 청계천 다리 밑에서 주워 왔지!"라고 말씀하셨다.

귀에 못이 박히도록 듣다 보니 나도 모르게 믿게 되었는지 그렇지 않고서야 왜 흰 카네이션을 산 것일까. 이런저런 상념에 젖어 한없이 걷다 보니 어느새 집 앞이다. 집에 돌아오니 어머니 가슴에 붉은 카네이션이 주렁주렁 매달려 있다. 어머니는 말없이 나를 쳐다보셨다. 눈빛으로 "너는?" 하고 묻는 듯하다. 내가 어머니의 시선을 피하니 "그러면 그렇지! 동생만도 못하니 쯧쯧!" 하고 혀를 찼다.

나는 뒤주 위에 흰 카네이션을 살그머니 올려놓았다.

브래지어 소동

가정시간이었다. 선생님께서 35번 이후는 브래지어를 착용하고 오라고 말씀하셨다. 며칠 후에 복장 검사를 할 예정이라고 하셨다.

아! 나는 해당사항 무無이다. 키 재기 10번도 채 안 되니 우얄고!

그래도 키 크고 가슴 봉긋한 친구들이 부러웠다. 그날 저녁에 어머니에게 말씀드렸더니, "아니, 가슴이 있어야지 담벼락인 네가 벌써 브래지어가 웬말이냐?"라고 하면서 선생님이 모두 하고 오라고 안했을 거라며 의구심어린 눈초리로 나를 쏘아보셨다.

나는 "아니야, 전부 착용하고 오라고 하셨어, 그러니까 빨리 구입해줘"라며 고집을 부렸다. 그런 일이 있고 난 다음날, 어머니는 내가 졸라대는 통에 어쩔 수 없다는 듯 자리를 박차고 일어나 그 길로 함께 동대문 도깨비시장으로 향했다. 동네 시장에서는 내게 맞는 브래지어 가 없었다. 동대문 시장 속옷 상점으로 가니 그곳 주인아저씨가 누가 착용할 것이냐고 물었다. 어머니가 나를 가리켰다. 그랬더니 그 아저씨는 나를 힐끗 쳐다보더니 빙긋이 웃으면서 2층으로 올라가 보라고 말했다.

2층은 좁고 높은 계단을 따라 오르니 이게 웬일인가? 방에 브래지어가 한가득 꽉 차 있었다. 어디서 흘러들어 왔는지, 국산은 아닌 것 같은데, 크기가 다양한 것이 구제물품처럼 보였다.

어머니와 나는 먼지를 뒤집어쓰면서 한동안 뒤적이던 중 내게 딱 맞춤일 것 같은 브래지어 하나를 집어 들었다. 어찌나 기쁘던지, 엄마를 연거푸 소리쳐 불렀다.

조개비만 하다고나 할까. 산더미처럼 쌓여있는 그 속에서 찾아낸 것이 용하기만 했다. 신바람이 들어 발걸음도 가볍게 집으로 와 이내 세탁해서 젖은 채로 가슴에 대어 보았다. 왠지 하나마나 인 것 같았다. 다음날 브래지어를 착용하고도 허

전해 어머니 것을 위에다 다시 걸쳤다. 교복 위로 나온 가슴이 봉긋해 보인다. 이젠 되었다 싶어서 의기양양하게 가슴을 앞으로 힘껏 내밀고 걸어갔다.

며칠 후, 복장검사 하는 날에 무심코 교복을 벗었는데 아뿔사!, 브래지어 두 개를 한 것이 들통이 나고 말았잖은가. 그 후로는 〈가슴이 네 개인 여자〉라는 닉네임으로 불리었다.

에나멜 구두

고종사촌 언니가 에나멜 구두를 신고 왔다.

여덟 살 어린 계집아이 눈에는 빨강 구두를 신고 온 언니가 부러울 수밖에…, 어머니를 졸라 나도 똑같은 구두를 한 켤레 장만했다. 마침, 공무원이셨던 아버지가 양장점 상품권을 상품으로 받아오셔서 어머니와 함께 소공동에 있는 최초의 양장점으로 가 나의 입학 선물로 주름 원피스에 볼레로를 맞추었다.

입학식 날, 회색 원피스에 연두색 땡땡이 무늬가 있는 고운 옷을 입고 빨강 구두를 신고 리본으로 장식한 긴 머리를 하고 집을 나섰다. 동네 아낙들은 "숙이가 드디어 초등학교에 가는구나. 어쩜, 옷도 그리 예쁘냐?" 하면서 입에 침이 마르도록 칭찬했다. 나는 의기양양해져서 마포초등학교로 향했다. 그곳은 처음 입학한 아이들과 학부모들로 운동장이 꽉 차 있었다. 연단에 선 선생님의 구령과 호루라기 소리에 맞추어 줄을 섰다.

"앞으로 나란히!, 바로!" 모든 것이 신기했다. 친구들도 검정고무신이나, 꽃고무신, 검은 운동화 등을 신었고, 짚신을 신고 있는 아이도 있었다. 나는 자꾸만 구두에 시선이 쏠려 고개를 숙이고 있었는데, 그 순간,

"학생, 줄 똑바로 서세요. 고개 들고…"라는 선생님의 고함소리에 정신이 번쩍 들었다. 아이들은 일제히 나를 쳐다보면서 의외라는 듯이 뚫어져라 응시했다.

후에 친구를 통해 알게 된 일이지만 그때 검은 피부에 까칠하기까지 하고 곱슬머리하며 작은 키에 참으로 볼품없어 보이는데 양장 옷과 구두가 안 어울렸다는 것이다.

얼마 후, 등굣길에 장마로 인해 도랑에 물이 넘쳤다. 친구들은 너나없이 고무신을 뒤집어 배를 띄웠고, 구멍 난 고무신을 띄운 아이들은 배가 가라앉는다면서 신명나게 떠들었다. 나도 에나멜 구두를 벗어 물에 풍덩 넣는 순간에 밑창이 젖으면서 구두끈도 끊어지는 바람에 엉망이 되고 말았다. 물에 불

어 오른 구두를 신고 절뚝이며 걸어갔으니 구두 신었다고 풍선처럼 푸푼 가슴이 한 달 만에 찌그러졌다.

지금도 손녀가 신고 오는 에나멜 구두를 보면 그때 생각이 절로 나면서 입가를 실룩거리게 된다.

4부

파랑 대문집

가슴앓이

아버지는 교통부 재정국 주사셨다. 철도에 혁혁한 공로로 인명대사전에 실리기도 했고, 청렴한 공무원으로 이승만 대통령상을 세 번이나 받았다. 들리는 말에 아버지는 대통령 담화문을 붓글씨로 썼다고도 한다.

그런 아버지께서는 취미 또한 다양해 희귀한 화초 기르기, 열대어 기르기, 영화광에 낚시 애호가셨다. 벤허 영화가 들어왔을 때는 혼자서 극장에 가 6번을 연거푸 관람하셨다. 럭비 선수에 육상 선수까지 하신 아버지가 친구를 좋아해서인지 주일이면 대청마루에 술상 마련하고 직장동료를 초대했다.

어머니는 덩달아 좋으신지 우물가에 앉아 숫돌에 칼을 갈고 닭을 잡는다. 생선회를 친다 하시면, 그때마다 찾아온 이로부터 음식솜씨 좋다는 칭찬 세례를 받으셨다.

아버지는 아침마다 지프차가 와 모셔가고 기차 패스를 가지고 전국을 여행하셨기에 팔방미인이었지만 대쪽 같은 성격이 어떻게 변하셨을까

직장동료 중에 배 선생이라는 분이 계셨는데 그분은 두 집 살림하면서 직장도 그만두셨고 어쩐 일인지 내 집에 풀 방구리 드나들 듯 하더니 아버지도 친구 따라 강남 간 것인지 그분이 찾아와 아버지에게 귓속말하고 나면 슬그머니 외출해, 그날은 술이 만취되어 오곤 하셨다.

그런 일이 반복되더니 급기야는 시앗을 데리고 와 문간방에 들어 앉혔다.

내 집은 ㄷ자 형태의 구조로 솟을대문 열면 중문이 있고 방이 뒤뜰까지 합쳐 9개나 되었다. 77평인 빨간 벽돌담에 기와 얹은, 동네에서 2번째로 큰 편이라 이웃들은 빨간 벽돌집이라고 불렀었다.

아버지 따라 들어온 시앗은 전 남편과의 사이에 낳은 딸을 데리고 왔는데 나보다는 한 살 아래이다. 몸집이 통통하고. 키가 나보다 한 뼘이나 더 컸다. 명자라고 불리었는데 왜 그리 밉던지.

어머니가 차려온 아침 밥상에 대가족이 둘러앉았다. 아버지와 삼촌, 어머니와 시앗, 내 옆에는 남동생과 여동생 그리고 명자 순으로 앉으면 8명이 원탁에 꽉 찰 지경이었다. 어쩌다 명자가 옆에 앉게 되면 한 손으로 '탁' 치게 되는데 그 광경을 아버지께서 놓칠 리가 없었다. 한 번은 내가 치는 바람에 밥상 위 국그릇에 머리를 박고 고꾸라진 명자로 인해 불호령이 떨어졌는데 어머니는 그런 나의 머리를 주먹으로 쥐어박곤 했다. 명자가 내 옆으로 오는 것조차 싫었고 작은엄마라고 부르라면서 교육이 어떻고 하며 역정 내는 아버지도 싫었다.

명자는 내 눈엣가시였다. 아침마다 아수라장이요, 바람이 잦을 날이 없던 어느 날. 동네 아이들과 철길을 올랐는데 명자도 함께였다. 철길은 석탄이 타고 난 타마구라는 돌이 여기저기 널브러져 있었고 검은빛에 구멍이 송송 난 그 돌을 가지고 아이들은 저마다 뒤통수를 향해 돌진했다. 그 돌로 머리 뒤통수를 문지르면 얼마나 따갑던지. 이리 뛰고 저리 뛰면서 피하느라 바쁜데 나는 무심코 명자의 오른쪽 우두 자국에다가 돌로 문질렀다. 그랬더니 명자의 오른팔에서 피가 뚝뚝! 떨어지는 게 아닌가. 어쩌나, 그제야 정신이 퍼뜩 나면서 철길 옆에 핀 호박잎을 따다가 상처 위에 얹었더니 아이고, 따갑다고 엉엉 울기 시작했다. 날은 어둑해지고 동네 아이들은 하나둘 집을 향해 귀가하고 나는 당황할 수밖에. 10살짜리인 내가 9살짜리보다 훨씬 작았으니 명자를 등에 업고 철길 아래에서 미끄러지길 여러 차례. 참으로 이상한 것은 내가 업으면 울음을 그치고 내려놓으면 울고 하니 업고 내려놓기를 반복하면서 집에 오니 땅거미가 진 후였다.

대문 안으로 들어서는 나를 기다렸다는 듯이 어머니는 빗자루로 엉덩이를 마구 때렸다. 날마다 말썽만 피우니 내가 어찌 살겠느냐고 하시는 어머니를 시앗은 형님! 참으세요. 아이가 뭘 알겠느냐고 했다. 어머니는 매질을 계속하고 시앗은 말리다 못해 명자를 향해 주먹질해 대고. 지금도 그때를 생각하면 가슴이 미어지면서 눈시울이 붉어진다.

경식이 오빠

여드름이 얼굴에 꽃이 핀 오빠. 공부에만 전념하던 착실한 남학생.

문간방과 대문 옆 끝방. 두 방에 세 들어 살던 경식이 오빠네 식구들은 진실한 크리스천이라 기자로 근무한 큰형과 함께 주일이면 모두가 교회로 행차한다.

순진한 눈망울을 한 오빠는 바로 건넌방에 살던 동구여상 다니던 언니가 찜했다. 언니와 오빠는 모두가 고 2학년생이었고 나는 그때 초등 6학년 졸업생이었다.

아침마다 세수하러 우물가로 나오면 오빠는 얼굴 먼저 새빨개지면서 고개 숙이고 언니를 곁눈질하기 바빴고, 언니는 칫솔을 물고 잠옷을 걸친 채로 빤히 오빠를 쳐다보았다 .장난꾸러기인 내 눈에 그 두 사람의 광경이 찍혔고 드디어 내가 행동 개시! 경식이 오빠에게 언니를 가장해서 편지를 썼다.

"한집에서 일 년 동안 지내면서도 통성명 한 번 못했네요. 부끄러움 무릅쓰고 글 올립니다. 이제 X-mas도 얼마 남지 않아 이 해가 다 가기 전에 만나고 싶습니다. 공덕동 로터리에 있는 서바나 빵집에서 첫눈 오는 날 1시에 뵐 수 있을까요?" 옆방 여고생이라고 써서 오빠에게 언니가 주는 편지라면서 전해주었다. 그랬더니 두 눈이 휘둥그레진 오빠는 이내 답장을 써서 전해주라고 했다. 쪽지에는 "네. 그날 뵙겠습니다. 경식" 그렇게 쓰여 있었다.

내가 언니에게 전달해 주니 언니는 피식 웃으면서 종이쪽지를 그대로 버려 버렸다. 내가 꾸민 장난을 알고 있었기에 키득거리기만 했다.

첫눈 오는 날, 경식 오빠는 아침부터 거울 앞에서 연신 여드름을 짜낸다. 웃옷을 갈아입고 마음이 부풀었는지 얼굴마저 상기되어 있다. 무엇이 그리 좋은지 싱글벙글하면서 얼굴에 크림까지 바르고 두드려 댄다. 그러더니 시간 맞추어 빵집으로 향했고 공교롭게도 그날 동구여상 언니는 독일 간호사로 파견 가는 날이라 비행장으로 갔다.

나는 오빠가 무작정 기다리는 것이 안쓰럽다기보다 신바람이 났다.

오빠는 빵집이 파장할 시간까지 기다리다가 집으로 돌아왔고 내가 장난친 것을 눈치 챈 부모님들은 난리가 났다. 장난할 것이 따로 있지. 공부만 하는 내 아들을 골탕을 먹여도 되나. 나이 어린애가 맹랑하다면서 역정을 내셨다.

나는 점점 겁이 나기 시작했다. 땅거미가 지도록 돌아오지 않는 오빠가 얼마나 마음 상했을까. 그제야 큰 잘못을 했음을 깨닫게 되어 빵집을 향해 집을 나섰다. 골목길을 도는데 눈이 펑펑 쏟아져 내린다. 저만큼 검은 그림자가 다가오는데 오빠인 듯싶다.

오빠! 하고 막 뛰어가니 경식 오빠 피식 웃으면서 나를 향해 주먹질해 댄다. "오빠 미안해요. 내가 쓴 편지야."

그 후 오빠네는 다른 곳으로 이사를 갔다. 경식 오빠만 생각하면 항상 미안하면서도 오빠의 순수한 미소가 가슴 언저리에 남아 있었다. 세월은 유수와 같아 어느새 숙녀가 되어 직장 초년생이 되었고 그때 사귄 남편과 효창공원으로 스케이트 지치러 갔다가 오빠와 정면으로 마주쳤다.

반대편에서 스케이트 지치며 오던 양복 입은 남자와 부딪칠 뻔했는데 어! 낯이 익다 싶어 서로 바라보다가 그만 웃고 말았다. 은행에 근무한다는 오빠는 멀쑥한 신사복 차림이었다. 나는 그때 토산품에 근무하고 있었다.

"숙이, 너 많이 컸네! 숙녀가 되어 못 알아볼 뻔했다."라고 씨익 웃는 오빠에게 "한번 집에 놀러 와요."라고 말하고 헤어졌는데 스케이트 탄 채로 서로 멀어져 갔다.

그런 일이 있은 지 한 달 후에 오빠가 내 집을 찾아와 정식으로 프러포즈를 했다고 한다. 나는 이미 결혼한 후였다. 풍문에 의하면 은행 지점장이 되었다고 한다.

등잔 밑의 어둠

숲속에 외딴집. 그곳은 외가이다. 대문을 나서면 숲이 우거져 있고 텃밭 옆으로 오솔길이 나 있다. 오솔길 따라 어림잡아 오십 보쯤 걸으면 냇물이 흐르는데 여름방학이면 동네 아이들과 함께 개똥참외 물에 띄워 누가 먼저 잡느냐는 놀이도 하면서 신명나게 떠든다. 냇물 건너에는 모래사장이 펼쳐져 있어서 해마다 그곳에 군인들이 진을 치고 훈련한다. 막사에서 기거하면서 일주일쯤 머무는데 후에 알고 보니 소대가 비상 훈련을 하는 것이라고 한다.

내가 외가로 놀러 가니 그때도 어김없이 군인들의 함성이 하늘을 찔렀다.

훈련이 시작될 때면 이종사촌 언니 둘은 신바람이 난다. 장교 옷을 세탁하는 당번 군인이 언니들에게 다림질 아르바이트를 시켰기 때문이다. 과년한 처녀였던 언니들은 산골에서 군인들의 늠름한 기상에 흠뻑 취해서인지 유난히 멋 내기를 하고 립스틱에 신경 쓰고 옷매무새를 갖추고 양산까지 챙겨 둑길을 걸어간다.

읍내로 나가는 길에 이모부께서 학교 앞에 구멍가게를 열었는데 그 동네에선 꽤나 크다. 초가집 한 채에 문구 하며 과자 등 생활필수품을 갖추었으니 언니들과 동생들이 가게를 보곤 했는데, 그래서인지 연신 들락날락했다.

여느 때보다도 자주 둑길을 왕래하는 언니를, 휘파람 불러 환호하던 군인들의 모습이 지금도 눈에 선하다.

그러던 어느 날, 할머니가 옥수수를 한 광주리 쪄서 군인 아저씨에게 갖다 주라고 하셨다. 내 또래의 사촌 두 명과 함께 군 막사로 가니 대환영이다. 내 말씨가 남달랐는지 꼬마 아가씨는 서울서 왔는가 하고 물었고 이런저런 이야기를 하다 보니 참으로 재미난 꼬마라면서 건빵을 서너 봉투 소쿠리에 넣어 주었다. 사촌과 나는 건빵 속에 묻힌 별사탕을 골라

먹는 재미에 푹 빠졌었다.

자연스럽게 군인 아저씨와 친해졌고 서울 소식을 들려주고 소설책 내용도 공유했다. 그때만 해도 아버지 다락방에 놓인 문학책이며 통속적 소설이며 닥치는 대로 탐독했다. 6학년 소녀가 읽기엔 버거웠던 책들도 모두 훑어 내려간 터라 한번 이야기를 하면 시간 가는 줄 모르는 버릇이 있다. 얼마쯤 되었을까. 이모부가 막사를 향해 고함을 치신다. 빨리 돌아오라고 하시면서 후다닥 뛰어나온 나와 사촌을 향해 노발대발하셨다. 왜 그러실까. 이모부의 성냄을 이해할 수 없었다.

그날 저녁, 이모부께서는 서울에 있는 어머니에게 전화했는데, 내용인즉 "처제, 딸을 잘못 키운 것 같아. 아니 6학년이면 다 큰 나이인데 계집아이가 겁도 없이 군인 막사에 가서 떠드니 남녀칠세부동석이 아닌가."라고 하셨다.

다음 날 꼭두새벽부터 첫차를 타고 외가로 오신 어머니의 손에 이끌려 서울로 올라왔다. 호되게 꾸지람을 들으면서 말이다.

그 후 얼마 있다가 외가에서 기별이 왔다. 양산 쓰고 둑길을 오가던 사촌 언니가 시집을 간다고 하는데 속도위반이라고 했다. 이모부는 드디어 큰 딸이 결혼해 집안에 경사가 났다고 하면서 서울로 기별을 하신 것이다.

신랑은 냇물 모래사장에서 훈련받던 세탁 당번을 했던 군인이었다.

블루클럽

동네 어귀에 미용실 한 곳이 문을 열었다. 대여섯 평 남짓이나 될까. 미용 의자 두 개와 나무 의자 하나가 놓여 있는 소규모 공간이다. 간판에는 블루클럽이라는 상호가 쓰여 있고 실내는 온통 청색 계통으로 치장했다. 유리창에는 남성 전용 커트 전문점이라고 쓰여 있다. 이제 막, 개업한 듯 문 앞에 화환과 화분이 놓여 있다. 남성을 위한 미용이라면 평소에 미용실 가길 꺼리던 남편에게는 참으로 잘된 일이기에 얼른 소식을 전해 주어야겠다고 마음먹었다.

그이의 머리카락이 비단실보다 가늘다고나 할까. 머릿결도 가늘고 숱이 적은 데에 소갈머리가 훤히 보여 한번 외출하려면 스프레이를 뿌리고 몇 분이 지난 후에 빗으로 빗어 한 가닥씩 작업하니 얼마나 힘들겠는가.

그이와 정반대인 나는 머리카락 발이 굵고 숱이 많아 미용실에서 솎아낼 지경이라. 그런 내게 백만 불짜리 머리카락이라고 부러워한다.

어쩌다 햇빛 가리개인 모자를 쓰려고 하면 당신 나이에 이렇게 숱이 많은데 모자는 절대 사절이라면서 극구 말린다. 땡볕에 모자를 안 쓰면 혈압에 지장 있다고 하니 머리숱이 없는 이들이 멋내기 모자를 사용하는 것이라고 궤변을 늘어놓는다.

그런 그이는 마침 머리 손질 할 때가 되었다면서 미용실로 향했고 그러길 대여섯 시간이 지난 후에야 집으로 돌아왔다. 현관문을 열기가 무섭게 나를 노려보는 그이의 모습이 생소하기까지 하다. 뒷머리는 바짝 추켜올리고 앞머리는 이마를 가리는 마치 '로빈슨 크루소'의 주인공 같다.

이 모양새로 어떻게 외출하겠냐고 하는 그이에게 나는 머리카락은 금세 자라나니 조금만 참으라고 했다. 그러면서도 한편으론 웃음보가 터져 나와 견딜 수 없다.

화가 치미는지 눈꼬리가 치켜 올라가고 두 볼은 붉게 물들어 있는 그이가 자초지종을 이야기하는데, 커트 값도 9천 원이라 저렴하고 미용사가 얄상하니 순하게 생겨 마음에 쏙 들어 의자에 앉았더니 긴 천을 목에 둘러 주더니 바리깡으로 한쪽을 확 밀어 버렸다나. 눈 깜짝할 순간에 일어난 일이라 당황한 그이가 "아니, 여보쇼! 바리깡으로 밀어 버리면 어쩌는 거야? 물어보지도 않고!"라고 성내며 물었더니 미용사 왈, "여긴 다 그래요."라고 하길래 "이xx, 이거 어떡할 거야! 엉?" 하고 벌떡 일어나니 미용사는 그 길로 줄행랑치고 긴 천을 두른 채로 그이는 미용사를 찾아 나섰다고 한다.

길거리에서 한참을 두리번거리면서 찾았다는 그이.

지나는 이들이 어찌나 키득거리든지 창피하기까지 했다고 하니 덩치 큰 이가 목에 두른 천이나 두고 나올 것이지 얼마나 당황했으면 그 모양새로 미용실을 박차고 뛰쳐나왔을까. 드디어 미용실 옆에 있는 떡볶이집 주방에 숨어 있는 미용사를 찾아냈고 미용사는 벌벌 떨면서 "아저씨 돈 안 받을 테니 그냥 가세요."라고 하더라나.

아니, 이 모습으로 어찌 그냥 가겠는가 미용은 마저 해야 할 것 아닌가.

긴장한 미용사를 달래어 머리 손질 끝마치고 나왔다면서

젊은 사람이 하는 일이라 그냥 올 수 없기에 거금 일만 원을 주고 왔다고 하는 그이에게 참 잘했노라고 위로했다.

총각 시절, 장발 단속에 걸려 뒷머리를 바리깡이 서너 군데 쏠아 놓아서 그이는 친구 편으로 집에서 데이트하자고 청한 적이 있다. 그 일 후로는 머리 모양에 유난히 신경을 쓰고 지냈으니 이번 일로 무척이나 충격을 받았으리라. 후에 알게 된 것은 블루클럽 미용실은 젊은이들이 유행을 선호하는 커트만 하는 곳이기에 군인처럼 바짝 추켜올려 깎는다고 했다.

그래서인지 항상 문전성시를 이루는 미용실 앞을 오갈 때마다 정보에 어두운 내가 그이를 부추겨 일어난 일이기에 그때 일을 떠올리면 미안하기까지 하다. 그러면서도 한편으로 우스운 것은 어인 일일까.

아무리 세상이 변하고 유행 따라간다 해도 습관이나 모양새 추임새는 쉽게 바꿀 수도 변할 수도 없는 것인가 보다.

옆집 남학생

어언 35년 만인가. 한동네에 살았던 남학생을 만났다. 참으로 우연이다. 택시를 타고 광명에 있는 절로 가던 중 택시 안에서다. 나를 백미러로 힐끗거리며 연신 쳐다보던 기사 양반이 "혹시 마포에 살던 아무개 아니세요?"라고 물었다. 깜짝 놀란 나머지 기사 양반을 쳐다보니 왠지 낯이 익었다.

“어? 넌 넓은 마당 골목에 살던 준이 아니냐, 숭문고교 유도부 했었던. 맞다. 맞아!” 말문이 트이고 나니 걷잡을 수 없었다. 목적지에 닿을 때까지 이야기보따리를 풀어헤쳤다.

그 당시 고교 유도부였던 준이는 두 눈이 부리부리한 것이 늠름한 체격이었다. 키도 크고 당당해 보였는데 그런 외모 덕에 내 친구들이 소개해 달라고 했고 중간시험이 끝나갈 무렵 준이와 약속했다.

친구들 중 명숙이가 호들갑 떠는 바람에 준이랑 소개팅을 주선한 것이다.

학교 앞 빙수집으로 명숙이를 데리고 나갔는데 약속 시간이 넘어도 나타나질 않았다. 그러던 중 한 남학생이 다가오더니 "누님들, 형이 그냥 집으로 돌아가래요."라고 하는 게 아닌가. 그때 어찌나 무안했던지. 궁금증이 일어 그때 왜 그랬냐고 물었더니 친구 왈, "어쩜! 네 친구들은 하나같이 키 작고 못생겼는지. 데리고 나온 그 여학생은 앞짱구에다가 이마는 밭을 갈아도 되겠다." 그래서 안 만났다는 것이다.

준이는 빙수집으로 들어가는 우리를 보았고 나올 마음조차 없어 후배를 시켰다고 했다. 그러고 보니 녀석이 퇴짜를 놓은 셈이다. 그렇게 당당하던 친구가 택시 문을 열고 내리는데 예전에 훤칠했던 키는 어디로 갔는가. 그때의 부리부리한 눈은 또 어떻게 절간에 서 있는 사천왕의 모습을 닮았다. 멀쩡한 다리는 왜 절뚝거리고 있는지.

친구의 이야기인즉, 갱년기 장애로 우울증이 오면서 전립선에 이상이 생겨 점차 아내가 무서워져서 하루 반나절은 산을 타다가 그만 낙상하는 바람에 3년 투병하고 나니 장애 판정을 받아 그 계기로 택시를 하게 되었다고 했다.

그날부터 준이 차를 이용하게 되었고 친구가 잘 가는 흥국사 숨산방 김 선생을 알게 되었다. 장고와 대금을 가르치면서 행사에 참여하는 김 선생 또한 어릴 적 소아마비를 앓아 한쪽을 심하게 절룩인다. 하지만 능력이 있을 때 왜 내가 나라의 도움을 받아야 하나라고 하면서 자립으로 살아가는 멋진 기인이다. 시간이 날 적마다 흥국사 절에 들러 삼배하고 숨산방에 가 그곳을 찾는 예술인들과 정담을 나누기도 하던 중 준이가 엉뚱한 이야기를 풀어낸다.

얼마 전 동창 모임에 참석했다가 옛날 친구들에게 골탕을 먹은 생각이 나서 개똥을 휴지에 싸서 바지 주머니에 넣고 갔는데 오랜만에 만난 친구들과 회포를 푸니 기쁘더라는 것이다. 흥에 겨워 술 한 잔 연거푸 마시며 취하다 보니 그만 집에 와 거실에 대자로 눕는 바람에 바지 주머니 속이 개똥으로 범벅이 되고 아내한테 혼쭐이 났다는 준이 녀석. 아직도 골통 짓이니 삶이 사람을 만드나 보다.

그런 일이 있은 지 며칠 후 준이와 김 선생과 점심을 하기로 하고 음식점을 향해 걷고 있는데 지나가는 이들이 힐끗거리면서 자꾸만 쳐다본다.

그때 준이가 눈치 챈 듯 나를 향해 말하길 "어이! 네가 장애인 협회 회장인 줄 아나 보다. 내가 왼쪽에서 절룩이고 오른쪽은 김 선생이 절룩이니 ㅋㅋㅋ."

덩달아 김 선생도 신이 난듯 절룩절룩하면서 킥킥거렸다.

참 사랑

007 작전이런가. 자가격리에 필요한 생필품 두 보따리를 들고 한밤중에 집을 나섰다. 홍제동 여동생 집에 가기 위해서이다. 아파트에 도착해 모두 잠들었는지 적막하다. 자동차에서 보따리를 내려 양손에 들고 살금살금 걸어 엘리베이터에 올랐다. 2층에 도착하자마자 까치발로 맨 끝자락에 위치한 205호 현관 앞에 살그머니 보따리를 놓고는 뒤도 안돌아 본 채로 줄행랑을 쳤다. 어쩌다 인기척을 느끼고 여동생이 현관문을 열면 코로나19에 걸릴까 봐서이다.

전염병 앞에서는 내 몸부터 도사리는 것이 인지상정인가. 평소에 심장질환으로 병원 치료를 받은 여동생이고 보면 얼마나 겁이 났을까. 홀로 지내는 동생이 피붙이라고는 아들 한 사람이 전부인데 군인이고 보니 어쩔 도리가 없잖은가.

여동생은 보름을 앓아누웠지만 병원 대신 집을 택했다. 어쩌다 잘못되면 집에서 죽음을 맞이하는 게 나을 것 같다고 하는 것을 볼 때 참으로 절박한 심정이었나 보다. 여동생이 스타트를 끊은 탓일까. 저마다 육 남매가 멀리 떨어져 사는데도 불구하고 둘째네, 다섯째네, 막내네 할 것 없이 온 식구가 오미크론 확진자가 되었다. 시골에서 텃밭을 가꾸는 어머니는 연신 전화로 안부를 물을 수밖에. 90살 된 노모가 자식들의 안위를 물으며 만날 수도 없는 채로 아버지 기일마저 지내질 못했다.

"그저 나는 괜찮으니 너희들이나 아무 탈이 없어야 할 텐데."라고 하시면서 전화통 앞에서 가슴 졸이셨을 어머니. 지금 죽으면 개죽음보다 못한 삶이라고 악착같이 이겨야 한다고 말씀하신다. 나는 아무런 탈 없으니 밖으로 쏘다니지 말라고 성화시다. 역마가 심해 동에 번쩍! 서에 번쩍! 하는 터라 네가 제일 염려스러웠는데 걱정하는 녀석은 탈이 없고 다른 녀석들이 아프니 난리도 이런 난리가 없다고 했다.

하지만 내 입이라고 편할쏘냐. 육아휴직을 한 작은 아들 내외 손녀는 하루가 멀다 하고 확진자 검사를 하러 병원을 들락거렸다. 손녀가 다니는 어린이집에서 연신 탈이 났으니 말이다. 작은아들은 백신 접종하고 응급으로 실려 가 2시간의 사투를 벌이고 나왔다. 숨이 막히는 것이 2시간이 고비였기 때문이다. 2차 백신을 맞고 다시 심장 기능에 이상이 있어서 검사하길 10시간이 걸렸다. 내가 동행했는데 응급실에 환자들이 인산인해를 이룬 것은 아마도 처음 본 듯하다.

큰 아들은 소상공인의 아픔을 겪었다. 잘 다니던 직장 마다하고 피앙세의 권유로 일본식 주점을 차리더니 힘겹다고 피앙세는 떠나갔다. 홀로 견디는 고독감에 감기몸살까지 겹친 터에 그만 드러눕고 말았다. 그때 나는 어디서 그런 힘이 솟아났는지 자식을 구할 수 있다면 어미는 지옥 불이라도 뛰어들어가야 한다는 생각이 뇌리를 스쳐 갔다.

병원으로 달려가 큰 아들아이 대신 처방을 받고 소독약에 자가키트 한 무더기 사 들고 비닐장갑을 끼고 큰 아들아이가 사는 곳으로 갔다.

내 몸에 소독약을 뿌리면서 현관문을 열고서는 소독약을

분사했다. 거실이며 화장실, 침실을 거쳐 서재까지 포위망을 좁히듯 들어서는 나를 당황한 듯 쳐다보는 큰아들.

나는 자가 키트로 큰아들의 콧구멍을 향해 돌진! 검사결과 한 줄이었다. 참으로 다행이었다. 후에 안 일이지만 혈압약을 3일 동안 복용 안 했더니 하마터면 큰일을 치를 뻔했잖은가.

이제, 거리두기 해제되고 어느 점포에는 코로나 종식이라는 플래카드가 붙여져 있다. 그동안 숨죽였던 이들이 모두 거리로 쏟아져 나왔는지 활기차다.

큰아들네도 봄이 왔는지 행운목이 5년 만에 꽃을 피웠다. 수수꽃 같은 것이 점방이 3일 동안 향기가 진동했다. 해피트리도 꽃망울을 터뜨렸다. 우유 빛깔을 한 나팔꽃 모양새이다. 햇빛 한 점 없는 실내에서 등불을 의지한 채 피어났으니 시름을 한꺼번에 날려 보내려나 보다.

시골에 계신 어머니와 피붙이들이 모여 재회의 기쁨도 나누려나 보다. 그러나, 코로나가 종식된 것이 아니고 변형된 바이러스가 다가올 예정이라니 90세 된 노모는 70세 된 자식들이 걱정인지 오늘도 전화하신다.

“얘야! 괜찮니? 염병에 걸리지 말아야지. 마스크 단단히 쓰고 다녀라.”

파랑 대문집

나 어릴 적 고향 집 맞은편에 있는 파랑 대문집.

허름한 담장이 낮고 쪽문에 하늘색 페인트가 칠해져 있는데 동네 사람들은 귀신이 나온다고 했다. 오래전에 목을 맨 이가 있어서 그 후로 비워두었는데 바람이라도 불면 쪽문이 흔들리며 방울 소리가 났다. 나도 그 집 대문 앞을 지날 때면 후다닥! 뛰다시피 내 집 문을 열곤 했다.

그런 집에 언제부터인가 밤마다 불이 켜져 있는 것이 누군가 이사를 왔나 보다. 동네 사람들은 귀신 나오는 집에 누가 왔을까 궁금해 했으니 이웃과 소통을 안 하는 그곳 사람들은 더 의아해했다.

그런 와중에 어머니께서 마주 보고 있는 이웃이면서 인사를 안 해서야 쓰겠는가. 귀신은 무슨 귀신이라고 하시면서 찐 고구마 한 소쿠리를 들고 집을 나섰다. 나를 앞장 세워 파랑 대문집으로 가서는 이내 초인종을 눌렀다. 얼마쯤 있으려니 "누구세요?"라는 목소리와 함께 젊은 아낙이 대문을 반쯤 열고 얼굴만 내밀었다. 어머니가 통성명하고자 앞집에서 왔다고 하시니 그제야 들어오시라면서 대문을 열어젖히니 그 위에 매달린 방울이 딸랑거렸다. 대문 안으로 들어서려니 자칫 발목을 삘 뻔했다. 도보보다 낮은 집이라서 땅이 푹 꺼져 있었다. 조심조심 어머니 뒤를 따라 들어서니 이게 웬걸! 마당은 온통 꽃밭으로 물들어 있다. 달리아, 맨드라미, 백일홍, 한련화 등이 지천이고 벽돌로 표시해놓은 꽃담에는 도자기 화분이 즐비한데 그 속에서 야생화가 만발해 있다. 별세계에 온 듯했다.

넓은 대청마루는 기름칠했는지 반짝거리고 안방문 창호지에는 꽃잎들이 방긋거린다. 넋을 잃고 두리번거리고 있으려니 한복을 곱게 차려입은 안주인이 모습을 드러내는데 양반집 규수가 따로 없었다. 둥글고 뽀얀 피부에 금테 안경을 한

중년 여인이 입가엔 미소를 머금고서는 우리를 반기는데 칠남매 돌보시느라 고생한 내 어머니와는 대조적이었다.

방안에는 붉은 화초장이 있고 그 위에 백자 항아리 하며 축음기에서는 제목도 모르는 팝송이 은은하게 울려 퍼졌다. 이웃이 인사하러 왔다고 자개 찻상에, 도자기 그릇에 빨갛게 담긴 오미자, 그 위에 동동 뜬 잣 하며 양과자 한 접시, 60년대 여느 가정집에서는 보기 힘든 풍경이라고나 할까.

그날 이후로 어머니는 그 집의 일이라면 자청해서 도왔고 여름에는 옥양목으로 된 이불홑청 풀 먹여 다듬이질 함께 해 마당에 널고 겨울이면 한복 배우고 양단 배자 저고리 만들어 내게 입혀주곤 하셨다. 그 집 안주인이 바느질 솜씨가 좋고 영어에 일본어에 다도에 못 하는 것이 없는 팔방미인이셨다.

안주인 옆에는 나보다 한 살 터울인 따님이 있었는데 유난히 흰 살결에 노랑머리가 구불구불했다. 소녀 위로는 오빠 셋이 있는데 그중 고교생 오빠도 노랑머리에 얼굴이 붉었다. 안주인도 동양적 미인이지만 외모 상으로는 닮은 꼴이 아니라서 풍문으로는 수양딸이니, 혼혈아라고 수군거렸다.

나는 그 소녀와 뒷마당에서 소꿉놀이하고 봉숭아물을 들이고 할 때마다 동물 모양의 과자와 별사탕, 비스킷이 날마다 바뀌었다. 내가 자주 드나든 것은 아마도 서양과자 때문이었는지도 모른다.

어느 날에는 소녀와 마당에서 놀고 있으려니 빨리 나가라고 도우미 아주머니가 재촉을 한다. 허둥지둥 밖으로 나와 담장 안을 들여다보니 언제 왔는지 아주머니들이 마당에 모여서 있고 신사분들도 여럿 있었다. 이내 축음기에서 흘러나오는 음악에 맞추어 얼싸안고 춤을 추며 돌아가는데 소녀의 어머니인 안주인이 바로 사교춤 선생이었다. 한창 사교춤이 유행이었고 단속을 피해 파랑 대문집으로 이사를 온 것이라고 했다. 소녀의 아버지는 회사 중역급인데 외도로 인해 별거하다가 늙어지니 찾아왔는데 문전박대를 했고 하필이면 그날 흰 눈이 펑펑 쏟아져 그만 길에서 쓰러져 황천길을 갔다. 장례식도 가질 않아 행려병자로 치렀다고 한다.

엎친 데 덮친 격으로 소녀 어머니가 계주를 했고 사교춤 배우러 온 견습생 돈을 들고 야반도주를 했다. 그분으로 인해 어머니도 곗돈을 잃었다.

도깨비놀음 같던 파랑 대문집. 그래도 그곳에서 쌓은 소녀와의 우정은 그리움으로 밀려온다.

계단

택시를 타고 서울역 광장을 마악 지나칠 무렵, 차창 너머로 비춰진 작은 건물 한 채에 시선이 꽂혔다. 하늘 높은 줄 모르고 치솟은 빌딩 옆으로 마치 혹처럼 붙어있는 3층 건물. 그곳 외벽에 있는 계단이 특이하다. 여느 계단 같으면 벽과 벽 사이에 놓여 있거나 건물 안에 있는 것이 당연한데 더구나 콘크리트로 만들어진 층층대가 한쪽 벽에 붙어 다른 한쪽은 오르내릴 때 붙잡는 손잡이 난관도 없다.

자칫 발이라도 헛디딜라치면 낭떠러지로 떨어지는 셈이다. 더욱 희한한 것은 3층 맨 꼭대기 위에 두 남자가 어깨동무를 하고 한손으론 서울역 광장을 향해 손짓을 하고 있고 계단 아래에는 노숙자 차림의 남자가 보따리를 가슴에 낀 채로 쪼그려 앉아있다. 위에 두 남자는 천국의 계단에 오른 듯하고 아래 한 남자는 지옥을 연상케 하는 듯하다. 내가 그 광경을 택시 안에서 보게 된 것은 참으로 찰나였다. 계단 위 두 남자는 무엇이 그리 즐거운지 웃음소리가 차창 안까지 들려왔으니 고향 이야기라도 하는 걸까. 그들도 한때는 다정했다가 다투기도 하면서 층층대의 높이만큼 우정을 쌓아왔으리라.

어찌 좋은 일만 있었겠는가. 살다 보면 삶이 苦라고 하지 않았던가. 어떤 길을 선택하고 어느 방향으로 나아가는가에 따라 인생의 척도가 판가름 나는 것이지만 때론 원치 않았던 일들이 닥쳐와 고난과 번민속에 좌절하고 실망하지 않는가. 그런 의미에서 볼 때 계단아래 보따리를 끼고 잠들어 있는 이는 어쩌다가 노숙 생활을 하게 되었는지.그도 한때는 단란한 행복이 있었을 터이고 한 가정의 충실한 아버지였는지도 모른다.

어떤 여유로 인해 저런 상황이 되었을까. 방탕했던 방황을 했던 간에 그를 탓할 수는 없으리라. 아이러니하게도 계단 위의 남자와 계단 아래 남자의 모습이 흑과 백을 보는 것 같아 가슴이 먹먹하다. 나 또한 삶에 있어서 택한 길이 옳은 것인지. 앞만 보고 달려왔던 날들이 과연 사람다운 깊이 있는 인생을 살아왔는지. 잘 모르잖은가. 주어진 일에 최선을 다해도 내 삶만이 의미 있는 것이라고 말할 수는 없으리라. 어떤 모습으로 살아왔든 살아갈 날보다 죽음으로 향하는 날이 더 가까워지는 시점에서 잠시 발걸음을 멈추고 뒤를 돌아봐야 할 것 같다.

수많은 날들, 세월 속에 만난 인연들. 좋은 글을 쓰고자 원고지 앞에서 방황하던 순간들. 비록 베스트셀러 작가는 되지 못했더라도 문학에 대한 열정으로 나를 갈구하고 성찰하고자 함에 있어 문학은 나의 정신적 지주 역할을 했기에 어둡고 어려운 삶이라도 희망을 간직하지 않았던가.

만일 내가 문학을 하지 않았더라면 성찰하고 인내하는 삶을 살았을까. 살아가는 데에 있어서 밟아야 할 차례나 순서를 거쳐야함에 택시 안에서 스쳐간 계단이야말로 한 계단씩 즈려밟는 것이 인생과 같은 것임을 이제야 깨닫게 해준다. 그래서 불가에서는 중에게 계를 닦게 하려고 흙과 돌로 쌓은 단으로서 단단하고 평탄한 층층대를 쌓고 오르내리며 도를 갈고 닦으라고 하는 것이라고 한다. 절 앞에 세운 돌기둥에는 절에

파, 마늘, 술을 먹고는 들어오지 못한다는 글귀를 새겨 넣은 계단석이 있어 조심하고 주의하자는 의미에서 경계하다의 계戒와 단단하고 평탄할 탄壇을 쓰는 것이다.

수계를 행하는 도량으로 여겨 108 배, 108 계단, 108 염주는 번뇌를 소멸하며 살아가는데 있어서 참된 이치와 도를 이루고자 계단을 즈려 밟는 것이리라.

하루에도 수십 번씩 오르내리는 계단. 층층대를 즈려 밟을 때마다 어떻게 살아가야 하는 것이 옳은 것인지 곰곰이 생각해 봐야겠다.

고향

서울 토박이. 서울 사람. 내가 살았던 곳이 바로 서울특별시 마포구 신공덕동 121번지이다. 좁은 골목길을 마주하고 한옥들이 즐비한 동네. 간혹 초가집도 있었다. 골목 맞은편에는 상궁 마마가 거처하신 곳으로 뜨락에는 정자와 연못이 있는 100여 평이 넘는 집이 있어 명절 때면 설빔 차려입고 어머니 따라 세배 갔던 기억이 난다. 그때 상궁 마마께서 내오시던 한과가 어찌나 입안에서 사르르 녹던지. 지금도 그 맛이 입안에 감도는 듯하다. 바로 그 옆으로는 양조장이 자리 잡고 있어서 가끔 술 찌꺼미를 얻어다가 마당에 있는 화로에 얹어 바글바글 끓여 감미를 넣고 먹다 보면 달콤함에 연신 숟가락질하고 두 볼이 발갛게 달아오르곤 했었다. 양조장과 맞은편은 커다란 함석공장이 있어서 친구들과 구경하러 가곤 했었는데 동생을 업고 넘어지는 바람에 함석 조각에 입술이 찢겨 지금도 상처가 남아있다.

십 분 거리에 철길이 있어 그곳 땡땡 건널목을 건널 때마다 깃발을 들고 호루라기를 불던 역장님. 철길은 모두의 삶터였다. 기적소리와 함께 연기를 하늘 높이 뿜으며 달려 나가는 기차를 타고 마포에서 용산까지 식료품을 사러 가기도 하고 종착역인 서강까지 수정을 캐러 가기도 했다.

아버지는 교통부에 근무하신 덕에 출퇴근을 기차로 하셨는데 그때마다 집 대청마루에 올라 철길을 바라보며 손을 흔들곤 하던 기억이 새롭다. 장마철에는 뒤뜰에 메기와 미꾸라지, 붕어들이 빗물 타고 떨어져 있었다. 마치 하늘에서 떨어진 듯 신기했는데 내가 물고기를 잡으려고 하면 어머니께서는 빗물 타고 떠내려가게 놓아두라고 하셨다.

철길 아래 도랑에서도 송사리 잡아 고무신에 가득 담고 등교 시간도 잊은 채 놀던 시절. 어린 걸음으로 집에서 학교까지 한 시간 거리쯤 되었을까. 철길 건너 세창고개 너머 도화

동으로 접어들면 복숭아밭이 있어서 복사골이라고도 했다. 그곳을 지나 산 중턱에 자리 잡은 마포 초등학교. 언덕으로 오르는 길에 넓은 밭이 있었는데 교도소에 있는 죄수들이 나와 똥지게를 지고 밭을 갈고 채소를 심기도 했다. 어쩌다 발목에 쇠사슬 찬 이가 밭을 갈곤 했는데 그때마다 두려움에 마구 달렸었고 하굣길엔 그 길을 돌아 뒷길로 가곤 했다.

학교 뒷길로 내려가면 새우젓 냄새가 진동했다. 길가에 드럼통이 즐비하고 닫힌 뚜껑 위로 파리 떼가 윙윙거리며 날아다니면 두 손으로 코를 가리고 뛰곤 했었는데. 아버지 따라 한강으로 낚시 갔다가 허탕 치고 돌아설 때면 마포 샛강에서 어부가 잡아 올린 물고기를 대신하곤 했었는데.

새벽길 소쿠리 들고 철길을 걸어 서강까지 두부와 콩나물을 사러 가곤 했던 곳이 지금은 세월 따라 흔적조차 없다. 어머니 손잡고 푸성귀 사러 갔던 시장도 그곳에 삶을 영위하던 이웃도 친구들도 모두 뿔뿔이 흩어져 세월 속에 묻혀 버렸다. 친구들과 뛰놀던 골목길도 바구니 들고 냉이 캐러 오르던 철길도 이젠 빌딩 숲을 이루고 아파트가 빽빽이 들어섰다. 앞마당 우물가에 해당화가 곱고 담장 아래 봉숭아 피어나고 해바라기 미소 짓는 그런 옛집도 큰 빌딩으로 변해버렸다.

가끔 버스 타고 집 앞을 지날 때면 차창 너머로 이마트 정문을 바라보면서 되뇐다. 바로, 저곳이 내 집이었는데….이젠 가슴 언저리에 추억을 묻고 바람 부는 날이면 조금씩 꺼내어 그리움을 바람으로 실려 보내리라.

고향 집은 어머니의 품속같이 뇌리에서 균사체처럼 불현듯 솟구치지만 변모한 시대 속에서 저마다 삶이 다르기에 자기만의 고향은 그 순간 존재 의식 속에 있는 것이 아닐까.

고향길 따라

풍수지리에 의하면 용의 머리 부분이라는 용산龍山.

한강을 끼고 남쪽으로는 한강로, 서쪽으로는 노량, 서강 사이에 용산이라는 산 아래있는 용산강, 동쪽으로는 양화로의 잠두봉이 있고 망원동 산세 또한 용산이고 와우산 지나 인왕산까지 용 한 마리가 꿈틀거리는 형상으로 뻗어있다. 고려시대 이전에 용산으로 지명되어 한강을 위주로 백제 사이에서 고구려 장수왕의 남진정책을 펼쳤다고 한다. 백제 기루왕 21년에 용 두 마리가 한강에 나타나 산세에 용이 서려 있는 것 같은 형체로 보여 아마도 그때부터 용산이라고 불리워졌는지도 모른다.

인왕산은 용의 꼬리에 해당되고 인왕산 줄기가 서쪽 추모

현으로 거기서 한 줄기가 남쪽 익현으로 만리현을 거쳐 뻗어 나간 것을 보면, 한강을 끼고 거대한 용이 꿈틀거리며 하늘로 승천하는 형국임을 감히 짐작해볼 수 있다.

1869년 4월 17일 조선시대 한성부에서 용산방으로 시발되었는데, 고려 숙종 6년에 용산처를 승격해 부원현으로 했다는 것은 세월이 가면서 고을이 생겨나고 강을 따라 발전함에, 후에 영조 때 성 밖 동문 외계로 바뀌면서 갑오개혁 때 행정구역이 개편되어 용이 잘려나가는 형국이 되었다고 한다. 참으로 희한한 것은 효창공원 내 효창원이 용의 발톱을 하고 있다는 것이다. 내 고향 또한 마포구 신공덕동 용마루 고개이고 보면, 용의 머리가 얼마나 큰 것임을 알 수 있다.

효창공원 건너편은 용문龍門동인데 어릴 적 어머니와 함께 용문시장에 푸성귀를 사러 가곤 했었다. 용문시장으로 가는 길은 샛창고개를 넘어서 가야 함에 늘 그 고갯길을 오르곤 했다. 고갯마루에 중국집이 있어서 그곳 중국인이 나를 수양딸로 삼고 싶으니 팔았으면 싶다고 했다. 지금 같으면 생각조차 못 할 일인데 어릴 적에 그런 일이 있었다니 참으로 그때 중국인의 수양딸이 되었으면 어떤 삶을 살았을까.

용문시장 건너편 방향으로 효창공원이 있고 그곳 효창공원에는 백범 김구 선생을 중심으로 삼의사 삼열사의 묘가 있고 임시정부요인 3인이 잠들어있다. 내가 뛰어놀던 용마루 고개는 예전에는 골목 어귀에 있는 넓은 마당으로 원을 그리며 한옥집들이 즐비해 있어 그곳에서 오재미놀이, 술래잡기, 고무줄놀이, 병정놀이를 하며 자라났다. 한강 근처에 있는 서강은 조부님의 일터이기도 했다.

서강 가는 방향 우측으로 용강동이 있는데, 지금의 마포구 염리동이다. 용강초등학교는 숙부께서 다니던 곳이기도 하다. 용강동 지나 왕우산은 고교시절 친구들과 나물 캐러 가곤 했고, 그곳 와우아파트가 무너졌던 사건은 이슈가 되기도 했다.

인왕산은 경복궁 터를 점지한 무학대사를 모신 곳으로서 나라의 안녕과 복을 비는 국사당國師堂이기도 하고 내가 어른이 되어 피앙세를 만나 둥지를 튼 곳 또한 인왕산 근처였으니 무악재 아래 독립공원은 용의 뒷발톱이 아닐까 추측마저 인다.

순국열사의 위패가 모셔져 있는 독립공원은 만일 그곳 또랑 용의 몸통의 일부라면 잎발은 효창공원의 순국열사의 묘이고 보면 용 한 마리의 거대함이 바로 나라를 지키는 호국신이요 호법신으로서 독립투사들의 영혼이 나라를 지켜주리라는 의미가 있는 것이리라.

용은 낙타의 머리에 사슴의 뿔, 토끼의 눈, 암소의 귀, 뱀의 목과 개구리 배, 잉어 비늘, 매의 발톱에 범 발바닥으로 이루어져 있어 자유자재로 모습을 바꿀 수 있는 초자연적이고 강력한 힘을 가진 존재로 부각되어있다.

여의주를 물고, 용이 기운을 토해 구름을 만들고 구름을 타고 하늘로 승천하는 권위에, 조화에 초능력을 나타냄에 가상의 동물이면서도 신령함으로 여겨져 왕의 용안, 용태, 곤룡포, 용상으로 불려, 최고 권력을 상징함에 궁궐 벽화에도 기와에도 곳곳에 그려져 있음을 볼 수 있다.

조선 세종 때에 지어진 용비어천가에는 건국 전에 태조의 여섯 선조를 육룡으로 표현함으로써 조상을 신격화하여 숭상한 것이 아닐까. 그러고 보면 용산 입구에 언덕 위, 유관순길이 있어 그 위로 마을을 지키는 사당 옆에 유관순 기념비가 한강을 내려다보고 있고 용문동에는 남이장군 사당이 자리잡고 있잖은가. 나 또한 용의 머리에서 태어나 용의 몸통에서 용의 꼬리에서 머물고 있는 것은 바로, 나라를 지키는 영령들을 위해 기도할 수 있는 소명을 주신 까닭에서일까.

꿈속에 전생이런가

애지중지하던 강아지가 운명을 달리했다. 강화화장장에서 화장해 뿌리고 온 날 꿈을 꾸었다 .꿈속의 그곳은 마당이 널찍했다. 관가 같기도 한데 마당 한켠에는 우물이 놓여 있었고 그 옆으로 아낙 한 분이 물을 긷고 있었다. 다른 한켠에는 화덕에 큰 가마솥이 걸려 있고 무엇을 끓이는지 김이 모락모락 나고 있었다.

마당 저편에는 수십 명의 병사들이 바삐 왔다 갔다 하고 그들 중 한 명이 내게 다가왔다. 키가 크고 늠름하니 인상 깊었는데 그는 내게 "아가씨 얼굴에 검댕이가 묻었으니 닦아드릴게요"라고 말했다. 그러더니 옆에 있던 다른 이가 병사에게 말하길 "저 아가씨가 누구기에 얼굴까지 닦아준다고 하는 게요?"라고 물었고 병사는"이제껏 몰랐단 말이요. 대대장님이 애지중지하는 따님이 아닌가요."하며 말을 받아치더니 아낙을 향해 소리쳤다.

"아즈메, 여기 뜨거운 물 한 바가지 떠오소!"라고 말이다. 아낙은 바가지에 물을 길어왔고 작은 대야에다가 부었다. 병사는 나의 얼굴을 가만가만히 씻었고 나는 그런 병사가 싫지는 않았다. 그때 어디선가 헛기침 소리가 났다. 마당 저편에 안채인 듯한데 여인이 앉아있는데 그 모습이 어찌나 우아하던지 넋을 잃고 바라보고 있자니 어디선가 메아리쳤다.

"위제만, 위제만!"하고 이름을 부르는 소리에 깨어났는데 꿈치곤 참으로 이상했다. 위제만이 누구시기에 꿈에 생생하게 들렸던 것일까.

꿈을 꾼 날, 내게로 두 부부가 찾아왔다. 평소에 친근하게 지내던 터라 두 부부에게 꿈 이야기를 들려주었더니 신기해했다. 혹시라도 실존한 인물이 아닌가 한번 인터넷을 찾아보아야겠다고 했다. 어찌 그리 선명하게 이름을 기억할 수 있겠느냐는 것이다. 검색해보니 위제만은 고려 때 사람으로 기록되어 있었다. 지방 관리로서 칠품의 관직인 행정관리를 보는 사록이라는 벼슬을 했다.

품계는 낮아도 문과에 급제한 이로써 나라에 제사나 사신 접대를 하는 폭넓은 임무를 수행했다는 것이다. 위제만은 한 때는 월정화라는 기생에게 매료되어 부인이 근심해서 분노로 죽었다고 기록되어 있었다. 진주읍 사람들은 부인의 슬픔을 애도하기 위해 전해져 내려오는 것이 진주 난봉가라는 것이다. 진주 난봉가는 황해도에서 전해오는 가사라고 하는데 진주 낭군과 진주 남강 빨래 운운하는 것을 볼 때 진주지역의 노래가 분명하다고 여긴다고 한다.

고려 시대의 작가 연대 미상으로 고려사 악지에서 유래된 것으로 위제만이 월정화와 얽혀있고 고려가요에 월정화는 무녀에 기녀, 궁녀였다라고 하는 것은 샤먼인 내게 위제만이 어떤 지침서를 주기 위함에서인지. 월정화의 환영이 내게 흡수되어 애석하게 죽은 부인을 위로하기 위함인지.

위씨는 단일본으로 당나라 때 팽씨였고 황후도 있고 문장가, 정치가를 무수히 배출한 높은 가문이었다고 한다. 고려 광종 11년에 사선관이 되었고 목종 때는 문하시랑평장사, 8대 현종 2년에는 궤장 하사 익년에 문화시중상주국인 강화현 개국백을 제수받고 강화를 식읍으로 하사받아 본관을 강화

위씨로 하고 현종 3년 4월에 죽었다고 한다. 내가 꿈을 꾼 날도 4월 중순이고 강아지 화장한 날도 같은 달이면 무엇을 예지하고자 함인지도 모른다.

꿈속에서 안채에 앉았던 여인이 월정화에 빠진 위제만 때문에 자결했다는 그분인가. 그렇다면 나는 전생에 위제만의 딸이었는가. 아니면 내 아버지가 고려 충렬왕의 자손 충렬공파 37대손이라서 조상끼리 얽힌 일이 있어 그런 꿈을 꾼 것인지. 참으로 아리송하다.

위제만이 후에 부인이 죽은 것을 알고 후회했다는 가사를 진주 사람들이 추모곡으로 불렀다는데 마침, 몇 해 전에 김용우라는 이가 무대에서 진주난봉가를 공연했다는 것을 알게 되었고 그 노래의 한 구절을 읊조려 본다.

진주 낭군 오실 터이니 진주 남강 빨래가자 산도 좋고 물도 좋아 우당탕탕 빨래하는데 난데없는 말굽 소리, 고개 들어 그곳 보니 하늘 같은 갓을 쓰고, 구름 같은 말을 타고서 못 본 듯이 지나간다. 진주 낭군 왔으니 사랑방 가라. 온갖 안주와 기생첩 옆에 끼고서 권주가를 부르더라. 이 광경 목격한 며늘아가 아랫방에 물러 나와 아홉 가지 약 먹고서 목매달아 죽었더라. 진주 낭군 깨닫고서 화륫정은 3년이요. 본댁정은 백년 사랑 사랑 사랑 내 사랑아 이럴 줄 몰랐다. 너는 죽어 꽃이 되고 나는 죽어 벌, 나비 되어 남녀 차별 없는 곳에서 천년만년 살고지고 어화둥둥 내 사랑아.

손手 그리고 열풍

육체와 의식 사이에서 춤을 춘다. 손은 마술사이다. 물리적 영역에서 두 팔을 뻗어 공간을 자유자재로 정신적 영역을 옮겨 놓은 능력을 조물주에게 부여 받았다. 의식을 통해 희로애락을 표현하고 자석처럼 상대방을 잡아당기는 마력이 있어 포옹하고 어루만지는 에로스 적이기도 하다.

사랑으로 치유하는 어머니의 약손도 있다. 이처럼 초월의 상징인 손은 지구에 존재하는 모든 사물을 주무르고 다스리는 소유와 지배를 통해 "내 손 안에 있다." 라는 말이 생겨났나보다. 그래서 불가에서는 천개의 손과 천개의 눈을 한 천수천안이 생겨났나보다.

누군가가 말했듯이 인간적 존재의 갈등을 극복하는 번민의 표상이라고 함에 두 손을 모으고 합장하는 것은 육체의 수행을 통해 마음을 닦고 세상 이치를 깨닫고자 함이리라. 어떤 이는 배꽃같이 곱고 가늘고 긴 손가락에 반해 인연을 맺었다고 하는 것을 볼 때 정신적으로도 이끌린다는 것을 알 수 있다. 허나, 아무리 섬섬옥수라고 해다 세월은 이길 수 없듯이 삶의 고단한 무게가 손등에 내려앉아 거칠고 투박한 훈장을 붙여준다.

한 알의 밀알을 만들기 위해 땀 흘려 일하는 농부의 갈가마귀 같은 손은 보람이라는 미명아래 참으로 값진 것이다. 손가락에 반지를 나눠 끼고 영원을 소원하는 약속이 있고 자기 이름 서명 란에 손 모양의 도장을 찍는 수인(手印)이 있다. 그 중, 결속의 의미로 가장 으뜸은 안중근의 손도장이다. 넷째 손가락 한마디를 잘라내고 12명의 단지동맹과 혈서로 나라를 위해 목숨 바칠 굳은 결의는 손가락을 자르는 순간 안중근은 이미 생명의 근원을 조국을 위해 헌신한 것이리라.

1909년 10월 26일 하얼빈에서 이토 히로부미(이등박문)를 권총으로 사살하고 리순 감옥에서 처형당할 때까지 자신이야말로 독립군으로서 민족적 차원에서 거사를 했음을 부르짖었고 장군이길 원했었다. 그런 안중근을 장군대신 개인의 테러리스트로 만들기 위해 일본군은 의사라고 낮추어 부르고 그것이 오늘날까지 의사로 이름 지어졌고 불린다니 고증을 거쳐서 바로 잡는 것이 도리일 것이다. 그 분의 왼 손 도장은 전세계는 물론이요 일본군에게 나라 잃은 설움이 얼마나 큰 것임을 일깨워주는 반향을 일으킨 역사적으로 안중근 장군의 애국의 표시가 아니겠는가.

이제 안국역 내에서도 독립투사들의 영혼이 일어섰다. 스크린에 각인되어 발길을 멈추게 하고 기둥마다 순국열사의 이름이 새겨져서 영웅들의 기백이 되살아난 듯하다. 지나는 이들에게 다시금 나라 사랑을 일깨워주고 열사들의 장엄한 죽음을 각인하게 된다. 나 또한 캔버스에 물감을 풀어서 붓대신 손가락으로 그림을 그리면서 새삼 명복을 빌어본다.

황학골 연가

녹사평역에서 하차해 네거리에 서면 왼쪽에 깎아지른 듯한 언덕이 있다. 그 위로 카페와 음식점들이 올망졸망 들어서 있다. 영문으로 표기된 간판들이 알록달록, 지나는 이들을 유혹한다. 벼랑 위에 세워진 별장처럼 밤에는 네온사인 불빛이 참으로 아름답다. 녹사평에서 이태원역으로 이어져 하이얏트 서울 호텔까지는 과거와 현재가 공존하는 거리이다.

일제 강점기에는 일본군이 주둔했고, 광복 이후에는 미군이 주둔하면서 자연스럽게 외국인 밀집 거주지가 되었다. 호텔이며 음식점이며 상점들이 외국인 위주로 하다 보니, 외국풍으로 이국적으로 되었다고나 할까. 나 또한 아이쇼핑하러 이태원에 자주 찾게 되고 예전에는 데이트 장소로도 왔고 친구와 만남의 장소로도 왕래했었다. 하지만 이태원의 유래에 대해선 문외한이었다.

옛날에는 황학골이라고 불렀는데 그 당시에 운종사라는 절이 있었고 그 곳에 비구니들이 머물고 있었다. 임진왜란 때 일본군이 쳐들어와 절에 머물면서 비구니들을 강탈하고 떠나면서 불까지 지른 바람에 비구니들은 융경산 부군당 아래에 토막집을 짓고 살았다고 한다. 그때 비구니에게서 생겨난 아이를 마을 사람들은 이태異胎라고 불렀고, 전해 내려오면서 이태원으로 불리게 되었다니 일본군의 만행이 얽힌 황학골의 비극사가 아닐 수 없다.

이태원에 그런 슬픈 역사가 숨어 있을 줄은 지금껏 몰랐기에 여흥을 즐기러 갔던 지난날의 내가 그저 부끄럽기조차 하다. 그렇다면 부군당은 마을 당굿을 하는 곳인데 얼마 전에 경복궁 내에 있는 민속박물관에서 당굿에 관한 사진전을 관람한 적이 있잖은가. 그때, 고 김수남의 사진전이었는데 샤머니즘에 관한 작품이라서 눈여겨보았는데 호기심이 생겨났다.

이태원 부군당은 400년이 되었다는데 지금까지도 전해 내려오고 있음을 문헌에서 본 것도 내게는 행운이라 할 수 있다. 비구니가 머물던 융경산은 녹사평역 산언덕이 아닐까하는 추측마저 일어 찾아 나서기로 마음먹고 주위를 둘러보던 중, 그만 깜짝 놀라고 말았다. 앗! 이제껏 이곳을 수없이 다녔어도 왜 몰랐을까. 바로, 카페가 있는 산 언덕위에 이정표가 바람에 나부끼는데 류관순 길이라고 적혀 있었다. 평소에 류 씨와 차 씨를 종씨라고 부르고 호적상으로 혼인도 할 수 없기에 늘 류관순 순국열사를 기리는 마음을 갖고 있었는데 이곳에서 만나다니 갑자기 가슴이 두방망이질 치며 콩닥거리기 시작했다.

발길은 자연스레 이정표를 향해 걸어갔고 좁은 골목을 지나 가파른 주택가를 올라가니 류관순 길이 끝나는 시점에 부군당 역사 공원이 있었다. 부군당은 유교적 제례라기보다는 당굿을 하는 무속에 가까운데 어떻게 그곳에 류관순 추모비가 세워져 있는 걸까.

조선시대에 관아에서 2~3평 남짓하게 사당을 세우고 마을의 안녕을 빌고 솟을대문에는 삼태극을 그리고 사당에는 나무로 깍은 남근과 종이돈을 돌돌 말아 줄에 꿰어 매달았고 부군 할아버지와 할머니 두 분을 모시고 제를 지냈다고 한다. 사당 안에는 산신, 장군신, 대동어른 대감, 칠성 제석 등의 화상을 탱화로 그려 모셔져 있는 것이 특징이다. 금기시 하는 것도 많고 기가 강해 외부인이 함부로 출입고 할 수 없고, 그 곳의 나무도 꺾으면 화를 입고 옛날에는 말 타고 지날 수도 없고 상여도 지날 수 없으며 소피도 볼 수 없었다고 한다.

제를 안지내도 화를 입는다니 어찌 이토록 신성시하고 음양의 조화가 있는 부군당에 소녀의 몸으로 독립만세를 외쳤을까. 아우내 장터에서 태극기 나누어 주며 독립운동 하다가 일본 헌병에게 잡혀서 서대문형무소에서 모진 고문에도 뜻을 굽히지 않고 순국한 열사의 추모비가 부군당에 함께 자리 잡은 것은 열사의 기상이 높기에 기가 강한 이곳에 세워져서 음양이 화합한 부군신의 보호를 받는 것이 아닐까. 아니면, 부군당 앞에 전망대처럼 탁 트여 왼쪽에는 63빌딩, 미군기지와 용산이 있고 오른쪽에는 인왕산과 남산 목면산이 자리 잡고 그 아래 한강이 유유히 흐르는데 한 평의 감옥에서 머리도 둘 수 없는 좁은 곳에 갇혀서 고문에 의해 죽임을 당한 열사의 혼백을 위로하고자함이 아닐까.

이화학당에서 열사의 시신을 모시고 정동교회 김종우 목사가 장례식을 거행했다고 하는데 참으로 아이러니한 것은 당굿을 하는 부군당에 관련이 있는 것이다. 영혼을 기리는데 있어서는 종교를 초월한 것일 게다.

추모비에는 류관순 열사의 유언이 새겨져 있다.

내 손톱이 빠져나가고 내 귀와 코가 잘리고 손과 다리가 부러져도 그 고통을 이길 수 있으나 나라를 잃은 고통은 견딜 수가 없다. 나라에 바칠 목숨이 오직 하나밖에 없는 것만이 이 소녀의 유일한 슬픔입니다.

나는 그 비문을 읽으며 가슴으로 통곡했다. 열사의 피로 얼룩진 이 땅 위에서 과연 무엇을 하고 어떤 마음가짐으로 살아 있으며 두발로 당당히 걸을 수 있는가. 나라를 사랑하던 독립투사 그분들의 위대한 영혼을 위해 남은 날들을 보답하며 살아갈 수 있겠는가. 열사들이여! 진심으로 감사합니다.나는 경건한 마음으로 부군당을 뒤로 한 채 경리단으로 발길을 돌렸다.

효창원의 의사를 찾아서

나는 증산역에서 6호선을 타고 효창역에 하차했다. 1번 출구로 나가니 효창로 69길이라는 팻말이 눈에 띄었다. 안내판을 따라 걷다보니 참으로 감회가 새롭다.

내 고향이 마포구 신공덕동 121번지이고 보면 건너편 언덕을 따라 효창공원에 올라 숨바꼭질도 하고 가을이면 낙엽 쌓인 언덕길에서 비료포대를 깔고 썰매도 탔었다. 겨울에는 운동장에서 스케이트를 지치며 인연과 사랑도 키워갔던 그곳이 독립유적지임을 몰랐으니 참으로 부족의 소치가 아니고 무엇이랴.

이런저런 상념에 젖다보니 어느새 효창원 문 앞에 다다랐다. 입구 북쪽 언덕에는 백범 김구 선생의 묘소가 있고 그 옆 동쪽 언덕 위로 삼의사묘와 삼열사라고 쓴 사당이 보인다.

삼의사 묘역에는 한가운데에 태극기 비석이 있고 그 뒤로 도쿄 황거皇居 입구 사쿠라다문에서 일본국왕 히로히토에게 폭탄을 투척 후 체포되어 이치가야 형무소에서 순국한 이봉창 의사와 상해 홍커우 공원에서 히라카와 육군 대장을 폭살하고 체포된 윤봉길 의사와 일본 군사시설 파괴와 중국 주재 일본대사 아이료시 암살 모의로 옥고 치르고 나가사키 감옥에서 순국한 백정기 의사의 유해가 봉환되어 묻혀 있다. 왼쪽 가장자리에는 안중근 의사의 가묘가 있다. 모셔오려 했으나 리순 감옥에서 처형된 후 유해를 찾을 수 없는 차에 김구 선생이 암살당하는 바람에 유해 없이 봉분만 남아있다.

오른쪽 언덕 위에는 임시정부 요인 3인의 묘역이 있어 언론 계몽운동과 임시정부 수립에 참여한 이동녕 선생과 청산리전투 등으로 투쟁한 조성환 선생, 독립신문 창간에 참여하고, 3.1운동 만세 시위에 참여한 차리석 선생이 묻혀있다.

김구 선생이 고국에 돌아와 독립운동에 헌신한 의사들의

유해를 봉환 안장하고 임시정부에서 함께 활약한 분들을 효창공원에 모셔두고 그분들의 나라사랑 정신과 독립 정신을 기리며 위대한 영혼을 위로하고자 하셨음이리니 타국만리 머나먼 곳에서 내 나라를 찾기 위해 임시정부를 세우고 활약한 독립투사들의 유해를 모셔다 이곳에 안장한 마음은 어찌 다 헤아릴 수 있겠는가. 수많은 역경 속에서도 오로지 자주독립을 위해 투쟁한 그분 성정의 거룩함에 백범 김구 기념관으로 향하는 발걸음이 왠지 조심스러워졌다.

기념관 입구에는 대형 태극기 조형물이 펄럭이듯 하고 그 앞에 앉은 김구선생은 마치 살아서 움직이는 것처럼 보여, 착각마저 일어 고개가 절로 숙여졌다. 기념관 안에는 개구쟁이 시절부터 조국 광복을 위해 중추적 역할을 한 일대기가 전시되어 있고 가족사도 한눈에 알아 볼 수 있게 되어 있었다.

명성황후를 죽인 일본 장교 쓰치다를 원수로 갚는다는 대의명분으로 죽여 강물에 버린 안악사건은 우람한 체격으로 그를 던져 죽이는 장면이 선생의 신발 크기만으로도 상상하고도 남을 것 같았다.

옥고를 치루면서 죄수들에게 글을 가르치고 탈옥 후 한때는 교사로 농촌계몽에 인천항만 건설공사 노역을 비롯해 마곡사 승려로서 후에 환속하여 기독교인이 되고 만주로 상하이로 한인애국단을 조직하고 대한민국임시정보의 중책을 맡아 활동하며 광범위하게 움직임은 신출귀몰한 홍길동과 무엇이 다르랴.

그렇게 애쓴 보람도 무색하게 미 · 소 등 강대국에 의해 남북체계가 분단되었으니 어찌 기가 막히지 않았으리요. 신탁통치 반대 운동에 앞장서고 평양까지 가 동족상잔의 비극을 막고자 통일을 외쳤으니 얼마나 비통하셨을까. 그래서 선생은 스승의 말처럼 "가지를 잡고 나무를 오르는 것은 기이한 일이 아니나 벼랑에 매달려 잡은 손을 놓는 것은 가히 장부로다." 라고 한말은 가슴에 새겨 신념을 굽히지 않으셨는지도 모른다.

선생께선 당신의 소원이 세계에서 가장 아름답고 부강한 나라보다는 내가 남의 침략으로 가슴 아프니 내 나라가 남을 침략하는 걸 원치 않고 통일만 되면 아무리 미천하게 된다 해도 좋겠다면서 자주독립을 부르짖으신 것이리라. 그런 선생이 안두희 손에 피살되었다니, 그날의 피 묻은 혈의가 전시된 그 앞에서 나는 망연자실할 수밖에. 참으로 얄궂은 것은 안중근 부친의 부탁으로 안중근 의사의 집에서 머물러 두 동생들과 임시정부에서 함께 일하셨고 며느리 안미생을 얻었는데, 안두희에게 죽임을 당하다니 통탄한 일이다.

1949년 7월 2일, 효창공원에 안장되었으니 선생의 나이 향년 72세였다. 만일 그때 희생되지 않으셨다면 남북 상잔의 아픔은 막을 수 있지 않았을까. 영원한 겨레의 큰 스승 백범 김구 선생과 효창원에 묻힌 삼의사와 삼열사여! 그들의 희생이 헛되어선 안 될 성 싶다.

내가 머물던 자리. 발길 따라 걷던 이 길이 태극기 깃발 휘날리며 대한민국 만세를 외치던 자리. 숲 우거진 산책로 담장 너머로 자주 독립을 외치다 숨져간 순국선열의 원과 한이 서린 자리에서 무심 속에 망각하고 살아온 날들의 안일함을 새삼 후회하면서 그분들의 명복을 빌어본다.

계간문예수필선 124
차혜숙 수필집 _왜 몰랐을까

초판 인쇄 2024년 2월 05일
초판 발행 2024년 2월 10일

지 은 이 차혜숙
회 장 서정환
발 행 인 정종명
편집주간 차윤옥

펴 낸 곳 도서출판 계간문예
주 소 03132 서울 종로구 삼일대로 30길 21 종로오피스텔 1209호
전 화 (02) 3675-5633 팩스 (02) 766-4052
이 메 일 munin5633@naver.com
홈페이지 http://cafe.daum.net/quarterly2015
등 록 2005년 3월 9일 제300-2005-34호
연 락 처 03132 서울 종로구 삼일대로 32길 36 운현신화타워 305호
인 쇄 54991 전북 전주시 완산구 공북1길 16, 신아출판사
ISBN 978-89-6554-287-2 04810
ISBN 978-89-6554-133-2 (세트)

값 15,000원

*이 수필집은 한국예술인복지재단의 창작지원금을 받아 제작하였습니다